JN063701

standards

はじめに

私は現在ロンドンに住んでおり、ＦＸで生計を立てています。母から生前に「これからの時代は女であろうと、手に職を付けなさい」とよくいい聞かせられましたが、ＦＸのトレーディングこそが私にとっての「手に職」です。

新型コロナウイルスの影響で家にいる時間が長くなりがちですが、ＦＸは24時間どこにいても市場に参加でき、資産を増やせます。たまに日本に帰ってきても、ロンドンと同じようにトレードができるのです。ＦＸはまさに「現代の手に職」でしょう。

海外旅行に行ったことがある方は経験したでしょうが、旅行の前に銀行や空港でその国のお金に両替しましたよね？　そして、同じ額の日本円を両替しても、受け取れる外貨の金額は旅行のたびに変わっていたはずです。

その交換できる金額の差を利用して、利益を上げようというのがＦＸです。最近は、以前に比べＦＸで投資をする若い人が増えてきました。きっと少ない資金でも始められ、大きな利益を狙えるところが魅力なのでしょう。

難しい部分ももちろんありますが、しっかり勉強してから始めれば怖いことはありません。本書では口座開設や取引の対象になる通貨、チャートの見方など、基本的なところから詳しく解説します。

これを機にＦＸを始めた方が、ＦＸで利益を上げられるようになっていただけたら、こんなにうれしいことはありません。

松崎美子

1章 大きな利益を出せるＦＸの基礎知識

2章 自分に合ったＦＸ会社で口座開設

contents

3章 迷わずわかるFXの取引方法

4章

FXチャートを読み解く 基本編

5章 FXチャートを読み解く 応用編

6章 テクニカル分析で今後の値動きを予測する

7章 経済状況から予測するファンダメンタルズ分析

8章 資金管理をしてトレードの成績を向上

監修・解説

松崎美子（まつざき　よしこ）

1986年、スイス系銀行の東京支店においてディーラーアシスタントとして入行。1988年、結婚を機に渡英、以降ロンドンに在住。翌年より英バークレイズ銀行の本店ディーリングルーム勤務し、日本人として初のＦＸオプション・セールスとなる。1997年より米投資銀行メリルリンチのロンドン支店に移籍、2000年退職。2003年から個人投資家としてFXや株式指数取引を開始。2007年よりブログやセミナー、コラムを通じてロンドン／欧州関連情報を発信している。口座残高ゼロ経験あり。

ブログ「ロンドンFX」
http://londonfx.blog102.fc2.com/

1章

大きな利益を出せる FXの基礎知識

FXはどのくらいの資金で始められ、どういうしくみで儲かるのでしょうか。FXに欠かせないレバレッジも含め、基本的な部分を解説します。

01 FXは異なる通貨を取引して利益を生み出す投資

外国為替取引とは?

外国為替取引とは……
異なる通貨を交換する取引のこと

アメリカに旅行に行くから
日本円を米ドルに交換しよう!

2つの通貨間でのレートの変動がFXの利益になる

FXとは「Foreign Exchange」の略で「外国為替証拠金取引」のことです。というと、なにやら難しそうですが、外国為替は私達にとっても身近な取引です。たとえば日本人が米国に旅行に行く場合、米ドルがその国の通貨であるため、現地で買い物をするには日本円を米ドルに交換する必要があります。こうした、**異なる通貨を交換する取引が外国為替取引です。**

また、円を米ドルに交換する際の比率は、その時々の状況によって変化し、この交換比率のことを「為

FXで利益が出るしくみ

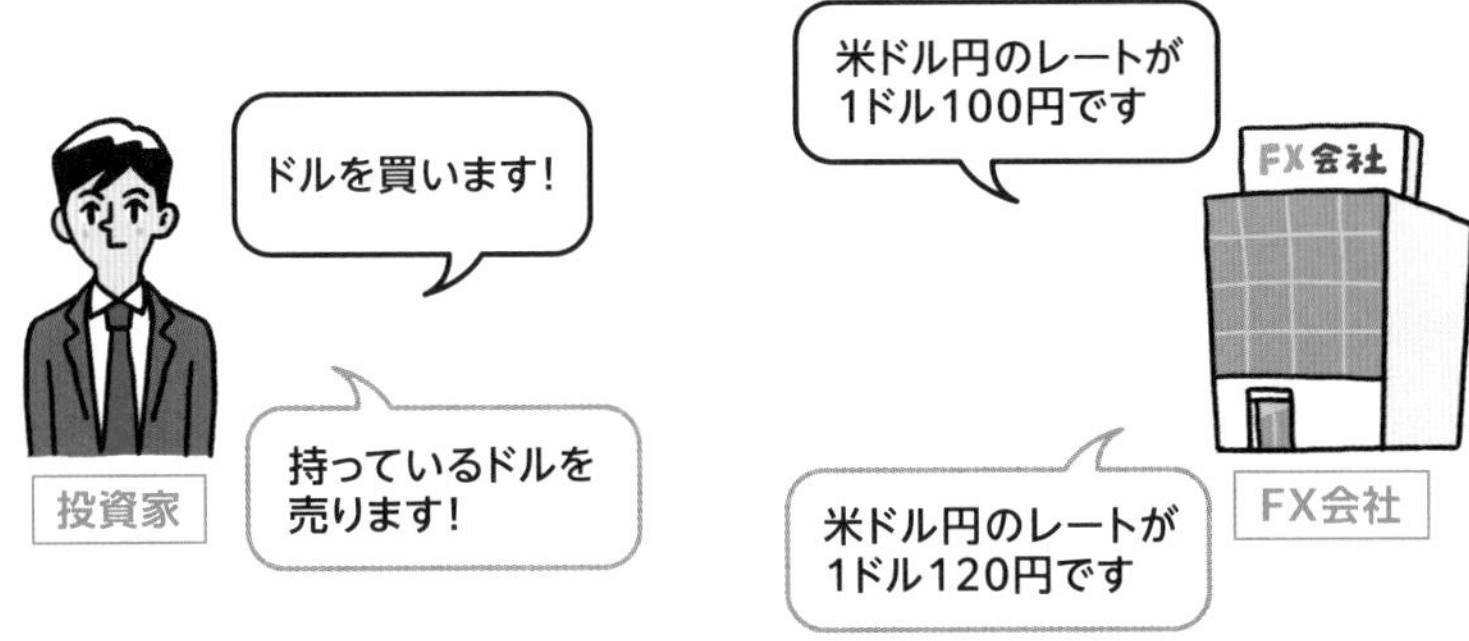

100円で1ドルを買って、120円で1ドルを売ったら
20円の利益が出る！

替レート（以下レート）」と呼びます。FXは証拠金、いわゆる担保を用いた取引であるため、直接通貨の交換をしているわけではありませんが、基本的なしくみは同じようなものです。

円と米ドル、ユーロと米ドル、ポンドと円など、異なる通貨を対象に取引を行います。例えば、米ドル円のレートが「1ドル＝100円」のときに米ドルを買い、「1ドル＝120円」までレートが上昇したときに円に戻せば20円分の利益が出ます。このように、**2つの通貨間でのレートの変動を利用して、その差額を利益にするのがFXの基本的な考え方です。**

相性のよい通貨

国の数だけ通貨があります。みなさんも自分の好きな通貨、自分と相性のよい通貨を見つけてくださいね。ますます為替取引が楽しくなりますよ！

02 FXは10万円ほどの初期費用で始められる

最小で「1通貨」から取引できる業者もある

世の中にはいろいろな金融取引がありますが、「少額の資金からスタートできる」というのもFXの特徴です。ほかの投資だと、株で有名企業に投資する場合には、60～70万円ほど必要になることがあります。

一方でFXはというと、極端な例でいえば1通貨から取引できる業者もあります。仮に米ドル円のレートが100円であれば100円から取引できるのです。

また、一般的には最低投資通貨単位が1000通貨の業者が多いため、米ドル円が100円であれば10万円

初期費用と取引額

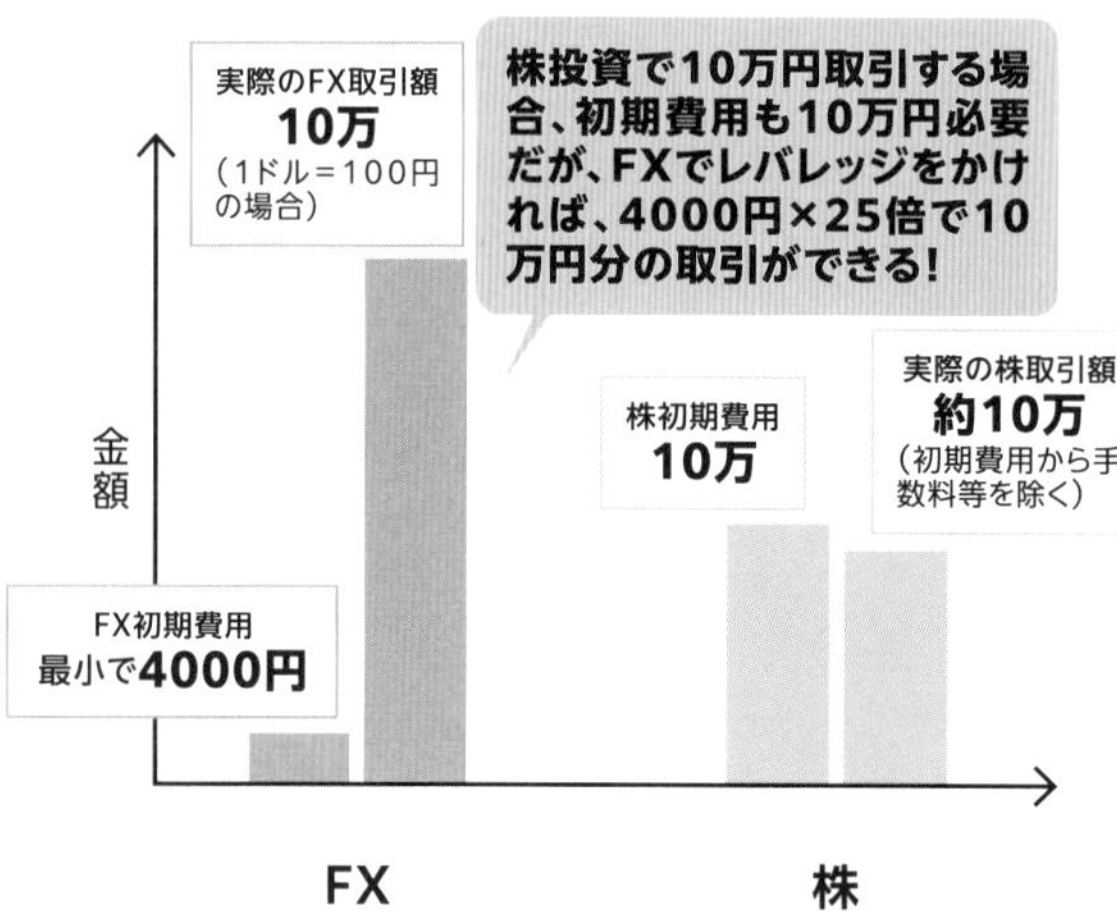

株投資とFXの必要資金の比較

株投資		FX	
投資企業名	必要資金（1単元※）	取引業者	必要資金（レバレッジ1倍）
ソフトバンクG	約60万	野村証券	約10万円
トヨタ自動車	約70万	立花証券	約10万円
ファーストリテイリング	約65万	SBI証券	約5万円

※株投資で売買に使われる単位

株投資の必要資金は企業により異なるが、高配当や安定性などが見込める有名企業に株投資をする場合、少なくとも60〜70万円が必要になる

FXは利用するFX会社によるが、レバレッジ1倍でも10万円ほどあれば始められる

がスタートラインとなります。

ただ、FXには「レバレッジ」というシステムがあり、資金の最大25倍まで取引することができます（20ページ参照）。つまり、ほかの金融取引と比較してもFXは始める際のハードルが非常に低いのです。

少額で始められることの何がよいのかというと「自己資金の上下に早めに慣れておくことができる」という点です。トレードする資金が少なければ当然出せる利益の額も少なくなりますが、その分損失額も少なく済むため、損失額を限定させつつ自己資金を使ったトレードの経験を積むことができるのです。

常に勉強する姿勢を

FXは若い投資家さんが多いのが特徴です。しかし、スタートのハードルが低いので簡単にできるという考えは禁物です。常に勉強する姿勢を大切にしたいですね

FX基礎知識 03

上がっても下がっても利益を出せるFX

証拠金取引とは?

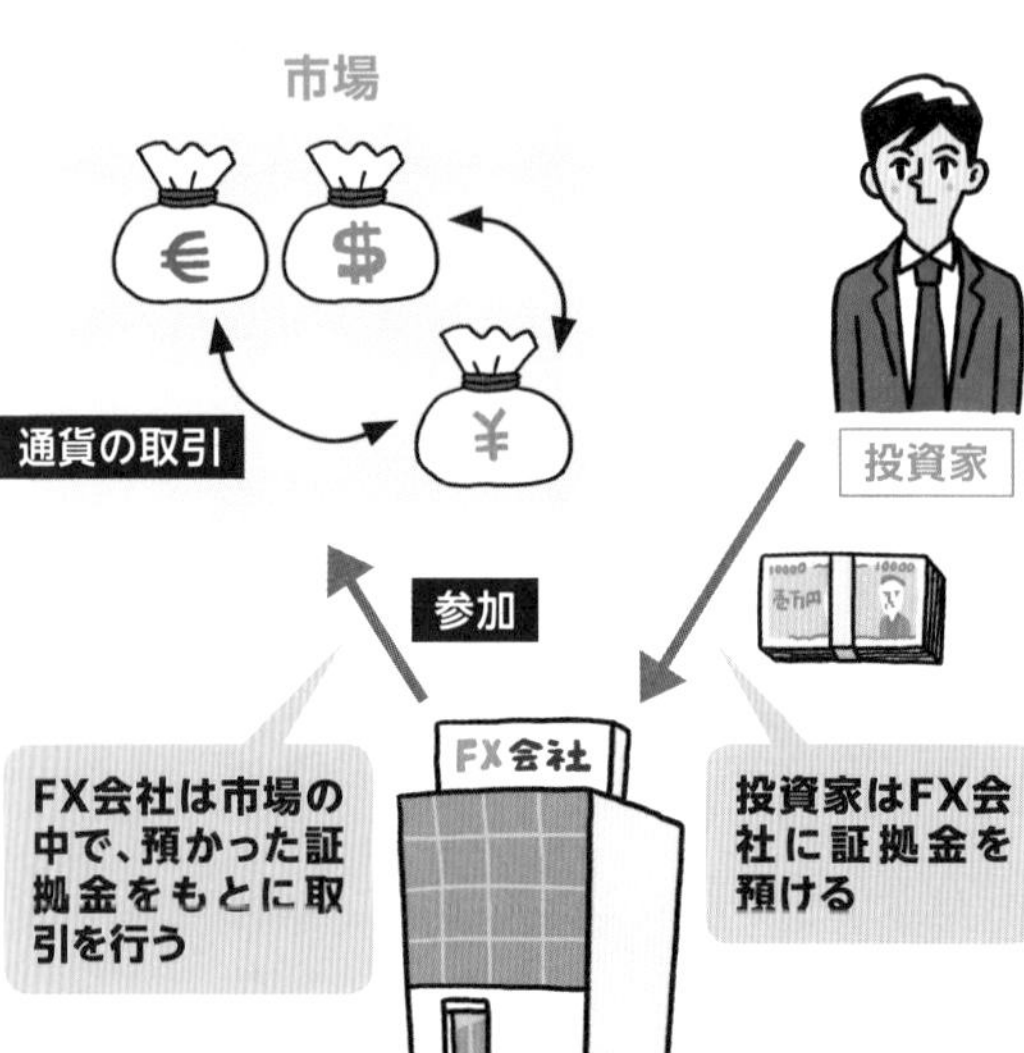

FXは直接通貨を売買しているわけではない

「投資」というと、「安いときに買って高いときに売る」というような取引をイメージすることが多いと思います。株の現物取引などはまさにそうした取引で、買った株が上昇しなければ利益を出すことができません。

一方で、FXは「証拠金取引」という特性上、レートが上がっても下がっても利益を出すことができます。どういうことかというと、**FXは通貨を直接売買しているわけではなく、FX会社に証拠金を預けて「通貨Aを買って(売って)、通貨Bを売る(買う)」とい**

う取引をしています。

たとえば、米ドルを買って、円を売る取引をした場合、米ドル円の買い建て、米ドルを売って、円を買う取引をした場合は、米ドル円の売り建て、という取引になるわけです。

つまり、株のような固有の物を取引しているわけではなく、「レートが上昇すれば利益の出る契約」「レートが下降すれば利益の出る契約」を取引しているイメージです。そのため、レートが上がっても下がっても利益を狙うことができます。

レートが下がっても儲かるしくみ

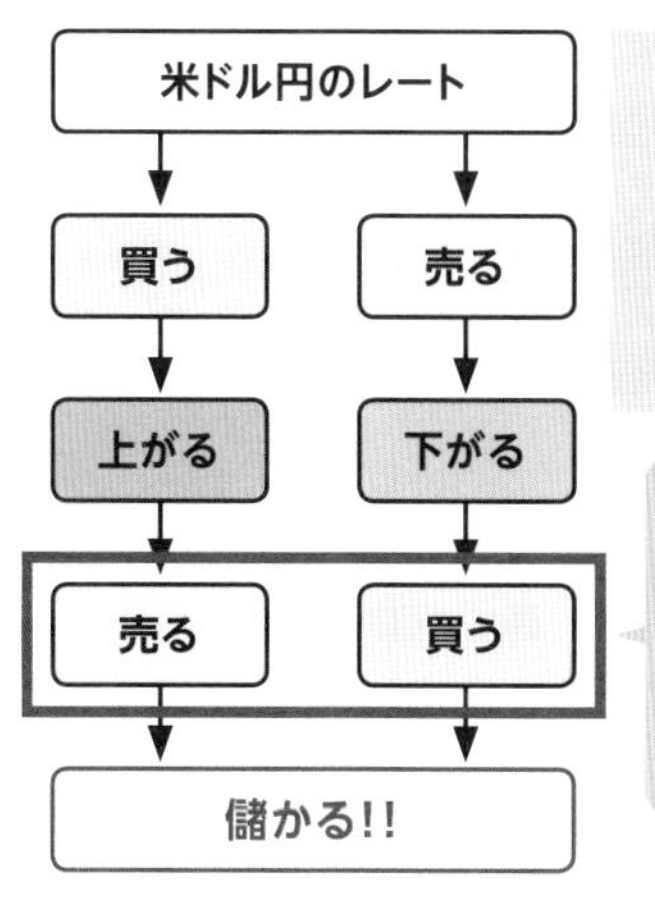

建てたポジションと反対の売買を、決済という

米ドル円の買い建て
レートが上がり円安になったら円を売ってドルを買うこと。ロングポジションの保持ともいう

米ドル円の売り建て
レートが下がり円高になったら円を買ってドルを売ること。ショートポジションの保持ともいう

FXは売りから入ることができます。はじめから売り買いどちらも選択できることはFXの大きな特徴です

売りでも買いでも

現物を売買する株投資と違い、為替市場では売りからでも買いからでも問題なく取引ができるので、収益チャンスがいっぱいです

FXは24時間好きなときに取引できる

各国の市場が連続して開くため24時間取引できる

各国の市場取引時間

都市	取引時間
ウェリントン	4:00〜12:00
シドニー	6:00〜15:00
東京	9:00〜17:00
香港	11:00〜18:00
フランクフルト	16:30〜0:30
ロンドン	16:30〜0:30
ニューヨーク	22:30〜5:00

FXのコアタイムは17時〜24時

取引が活発な時間帯がウェリントンからニューヨークへとずれていくことで世界規模の「市場」となる

株式投資の場合、日本株を取引できるのは、国内の株式市場が開いている9時〜15時だけです。

一方、FXは外国為替に基づく取引であるため、世界中に市場があることから24時間取引することが可能です（土日以外）。とはいえ、世界のどこかに「外国為替市場」という大きなマーケットがあり、そこで24時間売買が行われているわけでありません。

また、株式投資でデイトレードをやるためには、9時〜15時まで相場に張り付く必要があり、本業が別に

デイトレード　1日単位で売買を行う取引手法。短期売買のひとつ

1日の変化を示すFXチャート

［米ドル円　1分足　2020年9月27日～29日］

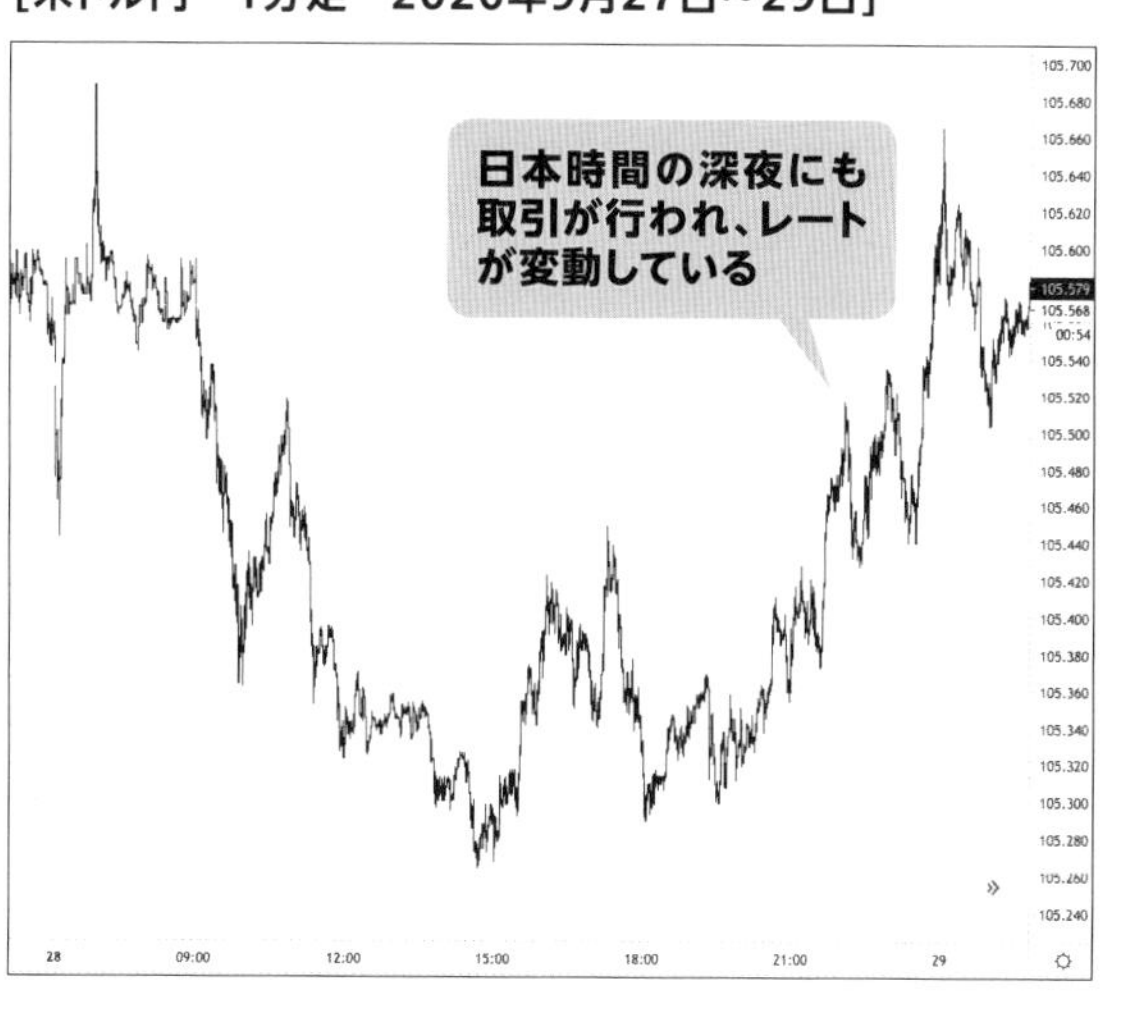

日本時間の深夜にも取引が行われ、レートが変動している
縦軸にレート、横軸に時間が表示されています。市場において、24時間、レートに変化があることがわかりますね！

ある人には難易度が高くなります。

FXには前述した特性があるため、兼業トレーダーでも手を出しやすい取引ですし、むしろ多くの人が時間を作りやすい17時～24時までの時間が、1日の中で最もレートの動きが活発になる時間です。

帰宅後の2～3時間だけ集中してトレードというように、**自分の生活スタイルに合わせて方法を選びやすいのもメリットのひとつです**。ただし、アメリカ市場がクローズして、ウェリントン市場に切り替わる早朝の時間帯は世界中の取引が少なく、時折極端な変動が起こりやすいため、注意しておく必要があります。

為替市場は眠らない

為替市場は24時間眠りません。会社員の方でも、帰宅後に取引することが可能です。仕事を辞めてFX専業となる、そんな夢をいつか実現させてくださいね！

FX基礎知識 05

少額投資で利益を上げるレバレッジ

資金よりも大きな金額をトレードできる

14ページで「レバレッジ」というシステムについて少し触れましたが、とても重要なので、もう少しくわしく解説します。そもそもレバレッジ（leverage）とは「てこ」を表す言葉です。てこの原理のように、自己資金（預け入れた証拠金）の額よりも大きな資金を動かすことがFXでは可能なのです。

このレバレッジのしくみがあることがFXの大きな特徴です。FXと近い金融取引に「外貨預金」がありますが、こちらはレバレッジが効かせられませ

レバレッジとは？

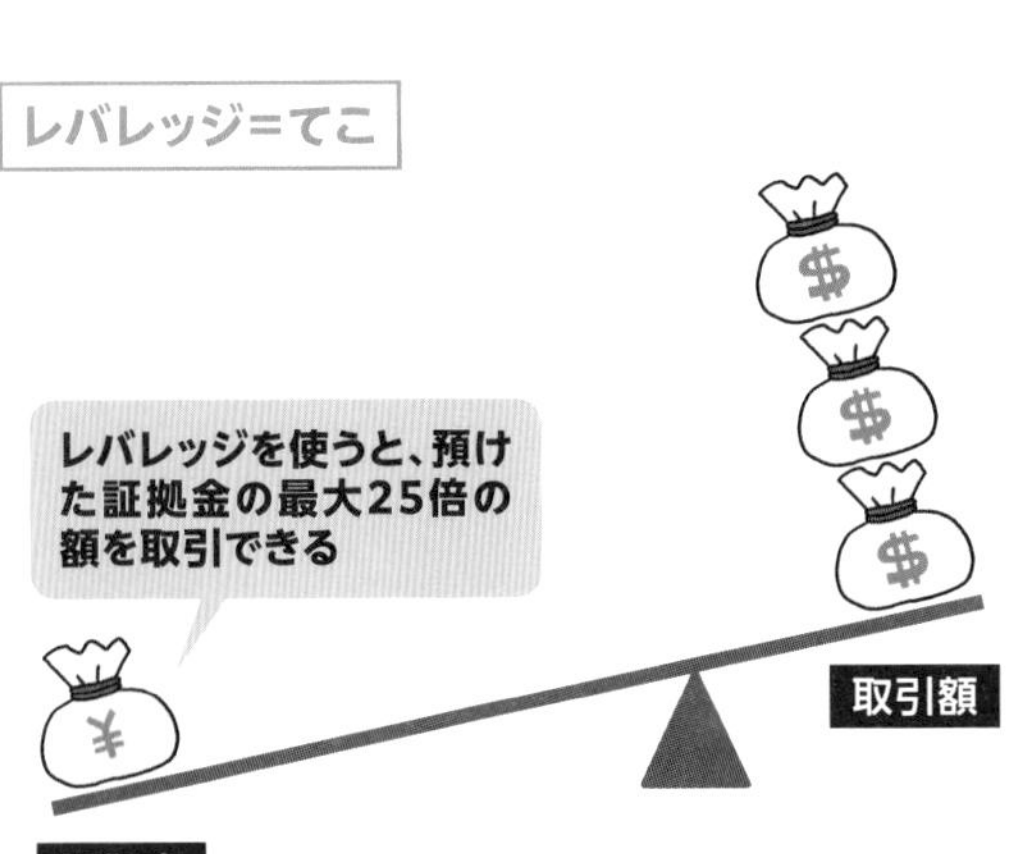

レバレッジの例

証拠金	レバレッジ	取引額
100万円	5倍 →	500万円
100万円	10倍 →	1000万円
100万円	25倍 →	2500万円

レバレッジは最大25倍までかけられるが、自分の資金量と狙いたい利益の額に合わせて調節する

ん。そのため、資金が100万円の場合、外貨預金では100万円分の取引しかできませんが、FXでは100万円以上の取引が可能なのです。

金融庁に認可されている国内のFX会社では**最大25倍までレバレッジをかけられるので、資金（証拠金）が100万円の場合、最大2500万円分の取引が可能になります。**あくまでレバレッジは任意なので、必ず上限まで取引する必要はありません。

どれだけレバレッジをかけるのかは、リスクや自分の資金量、狙いたい利益の額に合わせて、5倍・10倍・25倍というように自由に調整することが可能です。

レバレッジは両刃の剣

大きなポジションが取れるレバレッジは損益の額が大きい両刃の剣です。べらぼうなレバレッジをかけた心臓バクバクトレードはメンタルをやられてしまいます

レバレッジは上限10倍でリスクをコントロールする

レバレッジを大きくすればするほど利益・損失両方の額も大きくなる

ＦＸは証拠金に対して最大25倍のレバレッジをかけることができるため、資金効率を高めてトレードすることができます。ただ、トレードする額を大きくすればするほど、利益の額も大きくなりますが、同時に大きな損失を抱えるリスクがあることも当然頭に入れておくべきです。

基本的に、ＦＸの世界で継続して勝てているトレーダーの多くは、レバレッジを常に上限まで使っているわけではありません。

特にトレード経験の浅い段階では、技術的・心理的な部分でのミスから大きな損失につながることも多く、**リスクをコントロールするという意味でもレバレッジは極力押さえるべきでしょう。目安としては上限10倍程度がオススメです。**

自分で実効レバレッジを計算しリスクコントロールする

ＦＸ会社によっては、倍率別でレバレッジの上限を設けたコースを選択できるところもあります。そうしたＦＸ会社を選び、強制的にそれ以上の倍率でトレードできないようにするというのもひとつの手です。

また、もうひとつの方法として、自分で「実効レバ

ポジション評価額　保有している資産を時価評価して得られた価額のこと。取引数量×各通貨の現在レートで求める

実行レバレッジの計算方法

米ドル円が100円のとき、100万円の証拠金で5万通貨買ったら……

通貨量　レート　証拠金　実行レバレッジ

（5万通貨×100円）÷100万円＝5倍

➡ **実行レバレッジ5倍でリスクコントロールできている！**

出所：LIGHT FX

レッジ」を計算し、リスクコントロールするやり方もあります。**実効レバレッジとは、取引額に対する証拠金の割合のことで、「ポジション評価額÷証拠金額」で計算することができます。**

たとえば、米ドル円のレートが100円のとき、100万円の証拠金で5万通貨を買っているとしましょう。（5万×100）÷100万＝5となり、実効レバレッジ5倍となるため、ある程度、証拠金に対してリスクをコントロールできていることがわかります。

理性的に取引する

億トレに憧れ、身の丈に合わないレバレッジをかけ、自己破産した人を知っています。感情的にならず、自分の理性が保てる範囲のレバレッジで取引しましょう

07 証拠金維持率と追証・強制ロスカット

退場を避けるためにも証拠金維持率は十分に確保しておく

14ページでは「FXは少なくとも4000円あれば取引を始めることができる」と書きましたが、これはあくまで「システム上は」という話です。

というのも、FXには「証拠金維持率」という考え方があり、これはユーザーの純資産（口座に入金している総額）に対して、トレードするために使っている証拠金の割合を示したものです。

14ページの例でいえば、米ドル円が100円のとき、純資産4000円で、25倍のレバレッジを使って1000通貨（10万円）の取引をするわけですから、証拠金維持率は100%となります。つまり、純資産と証拠金の割合が同じになるということです。

国内のFX会社は、**証拠金維持率が一定の割合を下回った時点で、ユーザーのポジションが強制決済（ロスカット）されるシステムを採用しています**。これはユーザーのさらなる損失を避けるためです。

また、追加保証金(追証)というシステムもあります。こちらはポジション必要証拠金に満たない金額を入金することでポジションを維持するものですが、レートが逆方向に急変すると、かなり高額な追証を請求されることもあります。また、FX会社によりますが、1

ポジション必要証拠金　ポジションを維持するために必要な最低金額のこと。不足分が追証として請求される

FXで退場してしまうパターン

証拠金維持率＝(純資産－証拠金)÷ポジション必要証拠金×100

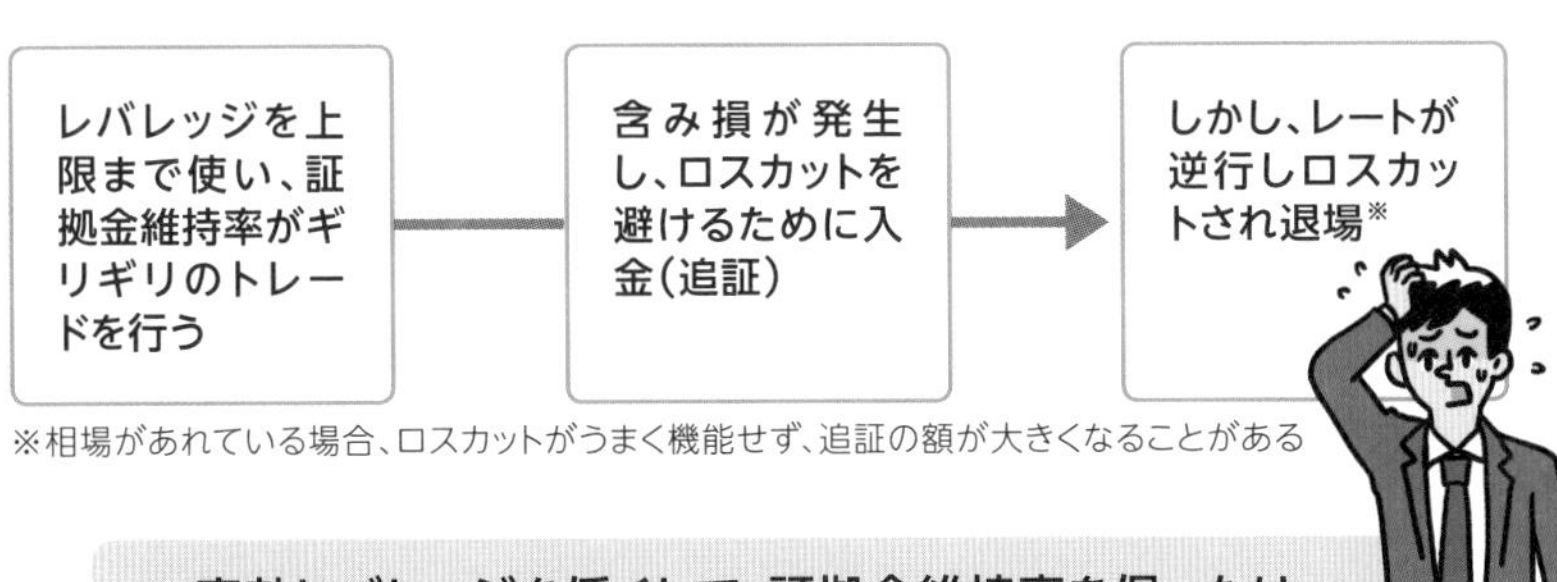

実効レバレッジを低くして、証拠金維持率を保ったり、あらかじめ損切り注文を入れておいたりなどの対策が必要

〜2日以内に入金しないとロスカットされます。

これは極端な例ですが、FXトレードで退場してしまうトレーダーの多くは、レバレッジを上限まで使った証拠金維持率がギリギリのトレードをし、含み損発生からロスカットを避けるためにさらに入金。にも関わらずレートが逆行し最終的にロスカットされ退場、というのがお決まりのパターンです。

このような事態を避けるためにも、**証拠金維持率を高く保つために実効レバレッジを低く維持してリスクコントロールを行うことや、あらかじめ損切り注文を入れておくなどの対策が必要です。**

大きすぎる欲は禁物

一攫千金を夢見てレバレッジを大きくしすぎると、ポジションが逆行したとき、あっという間に全資産を失い、最悪の場合は追証が発生してしまいます

損切り　損失を抱えている状態のポジションを決済して、損失を確定させること。保有し続けると損失が大きくなりうる場合に行う

COLUMN1

投資のなかでFXがオススメな理由

少ない資金でも利益を出しやすいFX投資

投資には株、投資信託、不動産投資などさまざまなものがあります。

そのなかでも、FXをオススメするのは利益につながりやすいからです。というのも、FXはレートが上がっても下がっても利益を出せる投資です。株のように「買い」から入ることはもちろん、「売り」から入ることもできます。そのため、レートが上がる円安のときでも、レートが下がる円高のときでも利益を狙うことが可能になるのです（円を含む通貨ペアの場合）。2008年のリーマンショックや2020年のコロナショックのときのように株価が大暴落する状況でも、FXなら焦ることなく取引に向き合うことができます。

また、手数料が安いということもメリットです。手数料の額はFX会社によって異なりますが、銀行の外貨預金などに比べて安く設定されています。また、レバレッジにより、少額の資金で始めることができる点も魅力です。リスクを理解したうえで、レバレッジなどの特徴を活かし、利益を出せる取引をしていきましょう。

［米ドル円　日足　2020年4月～10月］

FXのチャート。FXではレートが動いてさえいれば利益を上げることができるため、下落が続くような場合でも安心してトレードを始められる。

2章 自分に合ったFX会社で口座開設

FXで取引を始めるには、まずFX会社で口座を開設する必要があります。FX会社選びのポイントや口座開設の流れを紹介します。

01 FX会社選びの3つのポイント

安全にトレードを行うことができるかが最も重要

トレードを行うためには、まず口座開設が必要です。ユーザーとしては「○○円キャッシュバック」といったキャンペーンなどに惹かれがちですが、FX会社選びで最も重要なのは「安心してトレードを行うことができるかどうか」という点です。いくらトレードで利益を出せたとしても、口座から出金できなければ意味がありませんし、FX会社が倒産してお金が返ってこないリスクを無駄に抱える必要はありません。

そうした不安要素を取り除くために、**「①金融庁から認可を受けているか」「②FX会社の経営状態は健全か」「③信託保全はされているか」の3つのポイントは押さえておいたほうがよいでしょう。**

国内の居住者に対してサービスを提供するFX会社は、金融庁に認可を受けることを義務付けられています。無認可のFX会社を使って「出金できない」といったトラブルも多数報告されているため、口座開設の際には認可を受けているFX会社から選びましょう。

また、認可を受けているFX会社は「信託保全」が義務付けられています。**ユーザーが預けた証拠金はFX会社の資産とは別で管理されるため、仮にFX会社が破綻しても、証拠金は守られるので安心です。**

スプレッド　通貨を売るときの値段と通貨を買うときの値段の差。狭いほど取引コストが小さくなる

FX会社を選ぶ3つのポイント

❶金融庁の認可を受けていること

金融庁ホームページに掲載されている。2000ほどのFX会社が登録を受けており、金融商品取引業者の一覧で確認することができる

❷FX会社の経営状況が健全であること

「自己資本規制比率」は各FX会社のホームページに開示されている。業者によって数字が大きく異なる

❸信託保全がされていること

金融庁認可を受けている国内FX会社は、信託保全により資金の全額が保証されている。一方、海外FX会社などは義務化されていない

スキャルピングに向いているFX会社や、MTなどのシステムを導入しているFX会社もあります！

経営状態が健全かどうかは「自己資本規制比率」が目安になります。これはFX会社がどの程度リスクに耐えることができるかを表す数値で、数字は高ければ高いほど健全であることを示します。目安としては少なくとも200%以上のFX会社がオススメです。

これらの条件を満たしたFX会社のなかから、たとえばスキャルピングなどの短期トレードを行いたい場合は「スプレッドの狭さ」（68ページ参照）や、MT（メタトレーダー）など特定のツールがあれば対応しているかどうかなど、自分の求める要素に合致するFX会社を選ぶとよいでしょう。

優先順位を決める

取引するときに最も重視していることは何ですか？　スプレッドの狭さ、チャート機能、お客様サービスの充実など、求める優先順位を決めておきましょう

MT　メタトレーダーの略。ロシアのメタクオーツ社が開発・提供している取引プラットフォーム。カスタマイズ性が高く、利用するトレーダーが多い

02 主なFX会社のオススメポイント

主なFX会社の総預かり資産一覧

FX会社	総口座数	総預かり資産
GMOクリック証券	69万口座	**1968億円**
DMM FX	**77万口座**	1297億円
外為ドットコム	52万口座	1140億円
トライオートFX	65万口座	722億円
SBIFXトレード	30万口座	660億円

※2020年9月末時点　出所：みんかぶFX

主なFX会社は「預かり資産」と「口座数」で判断

28ページで説明した3点を満たしている国内FX会社であれば、基本的に支障なくトレードを行うことができます。しかし、逆に選択肢が多くどのFX会社を選べばよいかわからないという悩みもあるでしょう。そこで、国内の主なFX会社を紹介しておきます。

判断基準としては「預かり資産」と「口座数」が参考になります。利用者と預け資産が多いことは、高い評価を得ていることにつながるからです。なお、集計期間が異なるため、同月集計では順位が変わる可能性

主なFX会社のオススメポイント

FX会社	オススメポイント
GMOクリック証券	8年連続で国内取引高No.1を獲得している(2012～2019年) 業界最高水準のスプレッドを提供し、 使いやすい高機能ツールが人気
DMM FX	FX口座数80万の大手FX会社である 取引ツールが豊富で使い分けができる 平日・休日問わず24時間の顧客サポート態勢が用意されている
外為ドットコム	取扱通貨30種類でマイナー通貨も取り扱っている 豊富なニュースやセミナーで投資を強力支援! 最速0.009秒の超高速約定スピードに対応している
トライオートFX	自動売買を選んで稼働させると、24時間自動トレードできる わかりやすい自動売買のシュミレーション付き 自動売買を業界最狭水準のスプレッドで利用できる
SBIFXトレード	ドル円のスプレッドの狭さが業界トップ水準 SBIFXトレードは1通貨からの取引ができる 動画とTwitter配信による豊富な情報提供が行われている

もありますが、現状では**GMOクリック証券が国内で最も規模の大きいFX会社のようです。**

規模が大きいからよい会社というわけではありませんが、こうしたランキングのなかから、自分の条件に合わせてFX会社を選ぶというものひとつの手です。

ツールという点では、MTを使いたい場合は、主に楽天証券やOANDA JAPANなどが対応しています。また、近年はスマートフォンのアプリを使ったトレードするユーザーも増えており、多機能なチャートが使えるSBIFXトレードや、初心者向けにわかりやすいYJFXなども候補に挙がります。

FX会社は無数にある

国内外に数え切れないほどたくさんのFX会社があります。私が選ぶときに最も重視しているポイントはスリッページの少なさです(44ページ参照)

口座開設

03 FX会社で口座を開設しよう

外為どっとコムで口座開設する

口座開設の前に必要な書類を確認!

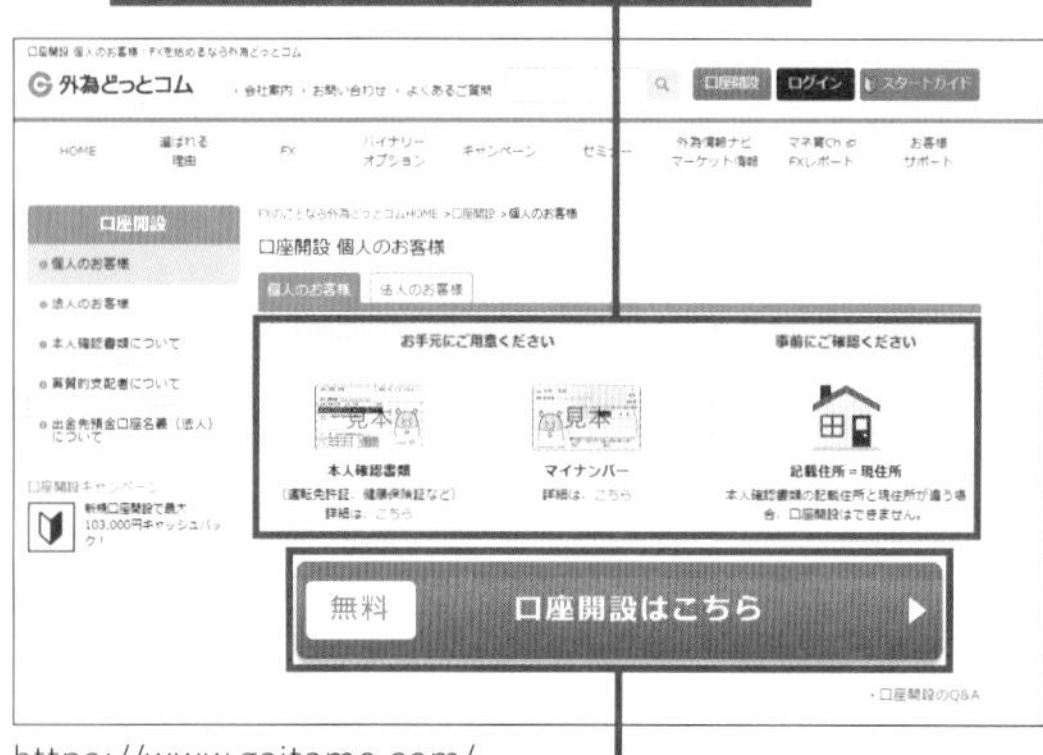

https://www.gaitame.com/beginner/kouza.html

「口座開設はこちら」をクリックするとメールアドレス登録の画面へ進む

外為どっとコムで口座を開設する

利用するFX会社が決まったら、口座を開設しましょう。ここでは、「外為どっとコム」の新規口座開設をモデルにして、口座開設の手順について説明していきます。

まずは、外為どっとコムのWEBサイトにアクセスしてください。アクセスしたら、右上にある「口座開設」をクリックします。このページから口座開設の手続きが始まります。

まず、手続きの前に必要書類の確認をしておきま

本人確認書類　運転免許証、各種健康証、パスポート、各種福祉手帳、在留カード、住民表の写しなどのこと

資産に関わる承諾書類

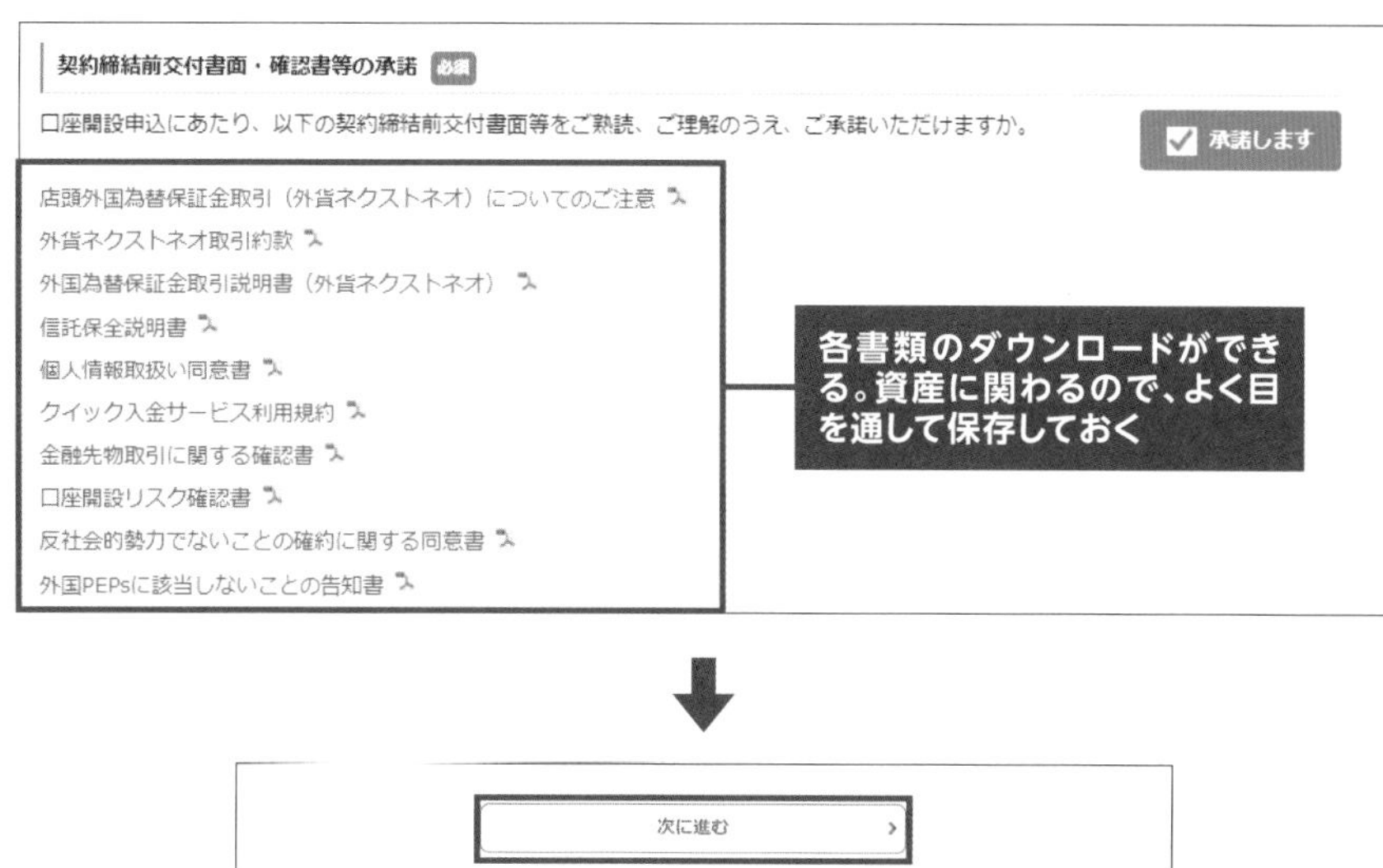

しょう。個人の方は「本人確認書類」と「マイナンバー確認書類」が必須です。また、各書類の記載住所と現住所が異なる場合は口座開設ができないので、注意しておきましょう。法人の場合は、履歴事項全部証明書または登記簿謄本と、代表者もしくは売買担当社の本人確認書類が必要です。

各書類が準備できたら、「口座開設はこちら」をクリックします。最初に、メールアドレスを登録して、認証番号を取得します。自動返信なので、送信が終わり次第すぐに認証番号が返ってきます。その番号を入力して次のページに進みましょう。

次に承諾書類の確認ページになります。**資産に関わる書類なので、しっかりと目を通しておきましょう。**すべての項目を選択したら「次に進む」をクリックします。

登録者の情報を入力するページです。名前や住所などの基本情報に加えて、口座開設の目的や投資歴などを選択しますが、投資歴がなくても問題はないので安心してください。

マイナンバー確認書類　マイナンバーが記載されている公的書類のこと。マイナンバーカード、マイナンバー通知カード、マイナンバー付き住民票の写しなどがある

個人情報を入力する

お客様情報

ご登録の漢字氏名などと本人確認書類の表記に相違があった場合、当社にて本人確認書類と同一の表記に訂正させていただく場合がございます。
（例）本人確認書類の氏名などが旧字体（新字体）等で表記、お申込の情報が新字体（旧字体）等で登録

Y! ログイン

お名前(全角)	必須	例）外為　例）太郎 ※通称名では口座開設いただけません。
フリガナ(全角)	必須	例）ガイタメ　例）タロウ
生年月日	必須	--　--　-- ※18才未満または81才以上の方はお申込いただけません。
性別	必須	男性　女性
郵便番号(半角)	必須	例）1050021　>郵便番号を探す
都道府県	必須	--
市区群（全角）	必須	例）港区
町村（全角）	必須	例）東新橋
番地(全角)	必須	例）２－８－１
建物名等		例）パラッツォアステック４０１
電話番号①(半角)	必須	例）09012345678
電話番号②(半角)		例）09012345678

本人確認書類をオンラインで提出する

基本情報を入力し終えたら、本人確認書類とマイナンバーの提出です。提出方法は「スマートフォンでの提出」と「アップロードでの提出」の2種類があります。

スマートフォンでの提出の場合は、画面下のQRコードを読み取ると、そのまま提出画面に移ります。説明に沿って本人確認書類とマイナンバー確認書類、本人の顔写真の撮影を行います。アップロード方式の場合は確認書類を撮影して、指定されたフォームにパソコンなどからアップロードします。

マイナンバーカードを持っている場合は、「マイナンバーカード＋本人確認書類」を提出します。

持っていない場合は、「マイナンバー確認書類＋本人確認書類2種類」と合計3つの書類を用意する必要があります。

どちらを選択しても問題ありませんが、アップロー

スマートフォンで行う本人確認書類提出

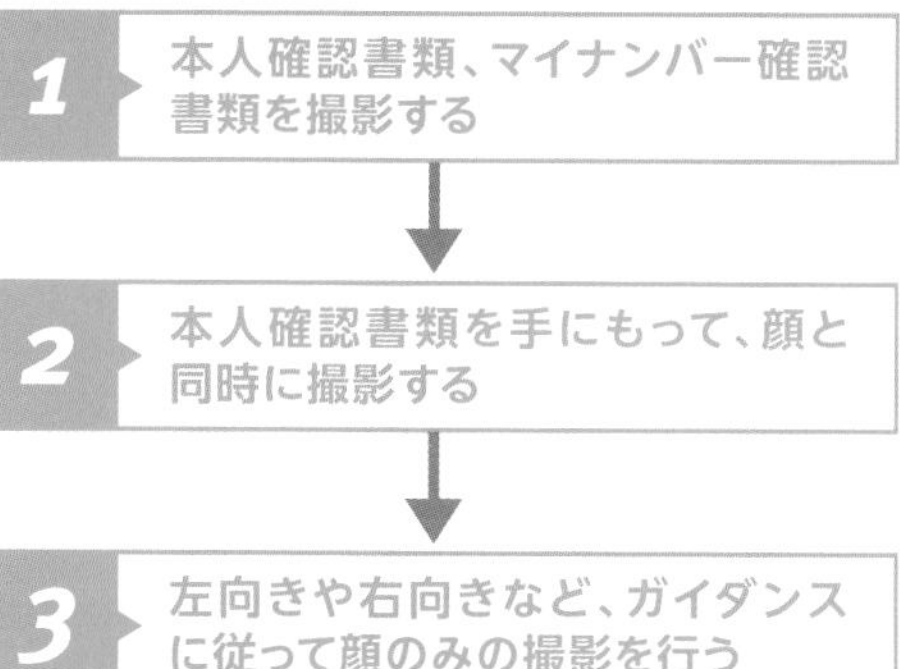

本人確認書類の例
運転免許証
各種健康保険証
パスポート
各種福祉手帳
在留カード
住民票の写し

出所:外為どっとコム

ド方式で提出した場合、審査後に簡易書留で通知が送付されるので、それを受け取る手間が発生します。一方、**スマートフォンで提出した場合、メールで通知が届くので、WEB上ですべての手続きが完結する点がメリットです**。以上で手続きは完了です。

今回は外為どっとコムを例に説明しましたが、ほかのFX会社もおおむね似たような流れになります。

どのFX会社で開設するにしても、必ず本人確認書類とマイナンバーは必要になります。

あらかじめ用意しておく必要があるという点には注意しておきましょう。

自分の目で確かめる

口座を開設する際は、ネット上の評価だけに頼らず、自分の目で確かめ、必要であれば電話で問い合わせをするなど、じっくり時間をかけて決めてみてください

資金の入出金の仕方

「銀行振込」と「クイック入金」

口座を開設できたら、次は皆さんの銀行口座からFX会社の口座に資金を移す必要があります。銀行口座からFX口座への資金移動を「入金」、FX口座から銀行口座への資金移動を「出金」といいます。**FXで得た利益も銀行口座に出金することではじめて自由に使えるようになるので、とても重要です。**

入金方法は通常の「銀行振込」と、対応しているFX会社では「クイック入金」の2つがあります。

銀行振込は、FX会社が指定する振込先預金口座に入金する方法で、ユーザーが銀行窓口やATMを使って行います。ネットバンキングを使えばWEB入金も可能ですが、振込に発生する手数料はいずれの方法でもユーザー側の負担となります。

また、外為どっとコムで銀行振込を行った場合、15時までの入金であれば、即日反映されますが、それを過ぎていたり、銀行休業日の入金は翌営業日の反映になるという点に注意が必要です。

クイック入金は、FX会社と提携している金融機関に口座を持っていれば、土日平日問わず、24時間いつでも即時入金ができるサービスです。手数料もかかりませんし、手続きもFX会社のマイページから行うこ

ネットバンキング | 銀行口座の残高照会や入出金照会などのサービスを、インターネットで使用できるシステム

外為ドットコムの出入金時の手数料と反映日

出金

		200万円以下	200万円超え
手数料		無料	
反映日	金融機関営業日の午前中に出金依頼	当日出金	1営業日後
	金融機関営業日の午後または休日に出金依頼	1営業日後	2営業日後

入金

	クイック入金サービス	銀行振込
手数料	無料	ユーザー負担
入金方法	マイページ内の入金画面から依頼	銀行窓口・ATM
反映日	原則、即日反映	入金依頼内容確認でき次第

DMMFXやトライオートFXなど、入金時に手数料がかかるFX会社もあります。また、手数料の金額は金融機関ごとに異なります

とができ、非常に便利です。提携先金融機関の口座を持っている場合は積極的に利用したいサービスです。

出金手数料は基本的にかからない

出金は口座開設時にあらかじめ「出金先指定口座」を登録しておき、任意のタイミングでFX会社に出金依頼を出すことで行うことができます。基本的に手数料もかかりません。外為どっとコムの場合、出金が反映される時間は、出金する金額によって異なります。上図を参考にしてください。

いよいよ取引開始

口座を開設し、入金を済ませたら、いよいよ取引開始です。本番に向け、3章以降で売買方法やチャートの使い方を、よく確認しておきましょう

COLUMN2

FXで利益を得たら確定申告が必要

期日までに確定申告をしよう

株投資では確定申告が不要な口座もありますが、FXで利益を上げた場合は確定申告が必要です。税率は20.315%で、「所得税15%＋住民税５%＋復興特別所得税0.315%」という内訳になります。

そもそも確定申告とは、その年に支払うべき正当な納税額を確定させて、それを税務署に申告することです。まず、１年間（前年の１月１日～12月31日）の所得を計上し、そこから経費にあたる金額などを差し引いて所得税額を求めます。たとえば、取引にかかった売買手数料や入金時の振込手数料などが必要経費に該当し、相場分析などのための新聞代や書籍代なども必要経費として認められることがあります。

また、FXで得た利益はほかの収入とは切り離して課税され、FXの利益が20万円以下なら申告は不要です。FX会社から取引残高報告書や入出金合計報告書などの書類が配布されるので、目を通しておきましょう。確定申告の受付期間は、原則として毎年２月16日～３月15日です。期日を過ぎると納税額が増えることがあるので、必ず期日までに申告しましょう。

国税庁ホームページの「確定申告書等作成コーナー」（https://www.keisan.nta.go.jp/kyoutu/ky/sm/top#bsctrl）で、案内にしたがって金額等を入力することにより、確定申告書を作成できる。

出所：国税庁

迷わずわかる FXの取引方法

口座を開設したらいよいよトレードですが、まずはデモ口座で練習しましょう。さまざまな注文方法や、自分に合う通貨ペアを確認できます。

01 実際の取引を始める前にデモ口座で取引

デモ口座を使ってツール操作や機能の把握をしておこう

口座が開設できたら早速トレード、といきたくなりますが、まずは「デモ口座」でトレードしてみるのがオススメです。

ほとんどのFX会社で「デモ口座」が用意されていて、実際の資金を使わずに本番と同じツールで、仮想のトレードを行うことができます。

なぜデモトレードが必要なのかというと、第一に「ツールの操作に慣れておく」という点があります。ツールはFX会社ごとに違いがあり、それぞれで操作感も異なります。

後述する成行注文や指値注文など基本的な注文などは、初見でも特に問題ないかと思います。一方で、重要になるのは「想定外の自体が起こったときに、冷静に対応することができるか」ということです。たとえばエントリー後、まったく予想していなかった急騰や急落が起こり、急いで損切りをしなければならない状況で、操作に慣れていないと「損切り注文のやり方がわからない」という事態に陥る可能性があります。

こうした**トレード判断以外でのミスを減らすためにも、デモ口座を使ってある程度、仮想のトレードを行い、ツールの機能を把握しておく**必要があるのです。

デモ口座のチャート画面

過去の安値を見て
損切りの練習をする
デモ口座で取引を行うと、実際の取引画面での操作方法や、口座状況を知るための画面の見方を学ぶことができます

出所:外為どっとコム

これは、はじめてFX口座を開設する人以外にも、FX会社を乗り換える場合も同様です。

また、FXトレードに初めて取り組む際には、どのような手法であっても損をしてしまうものですし、最悪、勝てるようになる過程で、資金がなくなって退場という可能性もあります。

そのため、**最初はデモ口座、もしくは少ないロットでトレードに慣れていくことから始めていきましょう**。そこで利益が出せるようになったら、徐々にロットを上げて、よりハイリターンを得られるトレードを目指していく方法をオススメします。

デモ口座で予習

資産を増やすためにFXを始めたのに、実際の取引では間違い続きで資産は減るばかり……。そうならないためにも、デモ口座で予習をしておきましょう

取引方法 02

売り・買いを決めて注文してみる

チャート画面から注文する

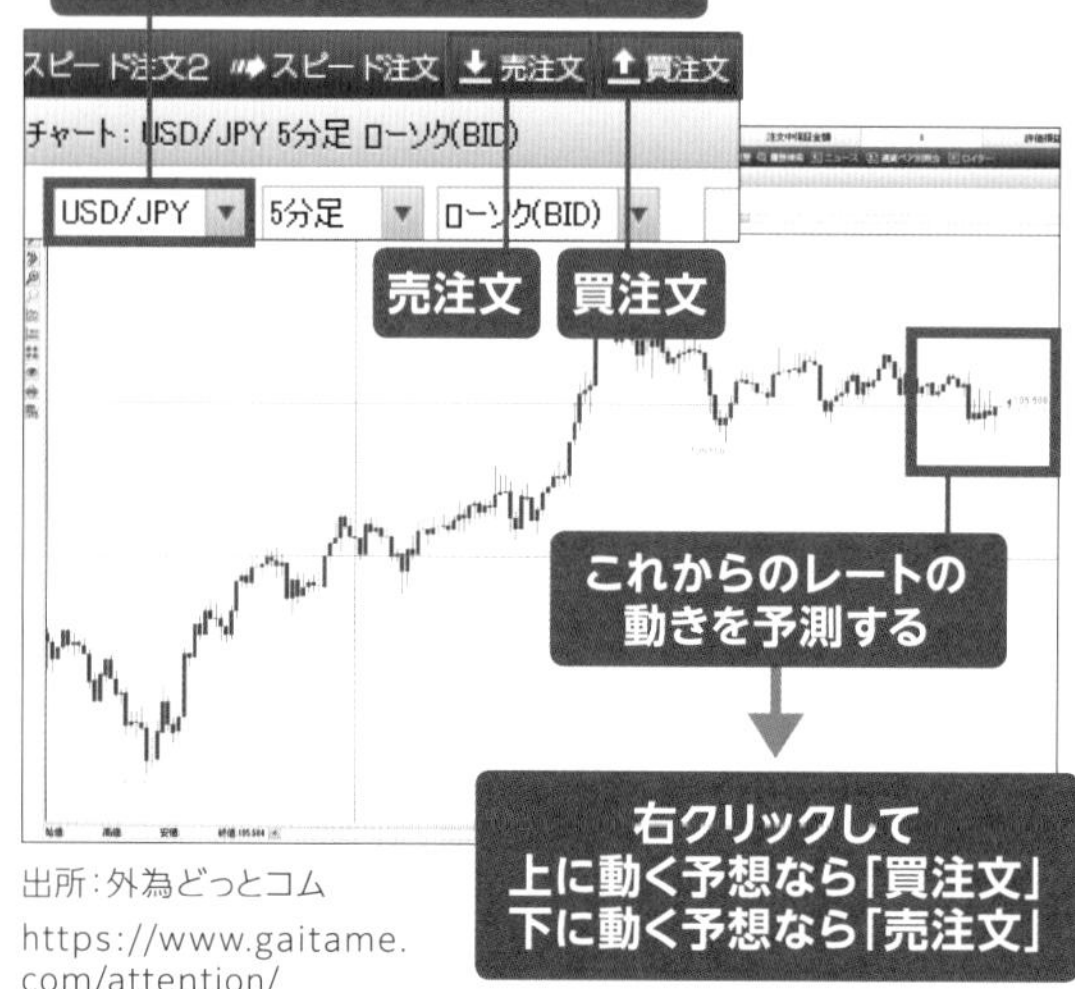

出所：外為どっとコム
https://www.gaitame.com/attention/

デモトレードをはじめよう

まず「どの通貨ペアをトレードするのか」「売り・買いどちらを行うのか」を、あらかじめ決めて注文しましょう。今回は「米ドル円」を「買う」注文を、外為どっとコムのデモ口座で説明します。

注文の出し方はいくつか方法があり、まずはチャート画面から行うパターンです（上図参照）。トレードしたい通貨ペアを、左上から選択してください。表示できたら、マウスを右クリックして「買注文」「売注文」のどちらかを選びます。**これからレートが上に動くと**

レートパネルから注文する

出所：外為どっとコム

予想される場合は「買注文」、下に動くと予想される場合は「売注文」を選択します。もしくは、画面上部にある「買注文」「売注文」の項目をクリックしても同じように注文が可能です。

また、チャート画面ではなく、通貨ペアの一覧（ここでは「レートパネル」）からも注文を出すことができます。注文したい通貨ペアを選び、売注文を出したい場合は「ＢＩＤ」を、買注文を出したい場合は「ＡＳＫ」を選択します。

ＦＸ会社によってツールの仕様が異なりますが、注文の流れは基本的に似た形で行います。

注文前に見直す習慣

上級者でも売買を間違えることはあります。間違うとパニックになり、新たな間違いを引き起こします。売買をするときは必ず見直す習慣をつけましょう

03 現在のレートで約定する成行注文

シンプルで即注文ができるがスリッページには注意が必要

注文の方法はいくつか種類があり、トレードの方針によって使い分ける必要があります。まずは「成行(なりゆき)注文」について解説していきます。

成行注文は最もシンプルな注文方法で、「今すぐ売りたい、買いたい」という場合に使います。つまり、注文を出した時点のリアルタイムのレートで、通貨ペア・売りか買いか・売買する数量を指定して行う注文方法です。

リアルタイムの動きを見ながら、「そろそろレートが動きそうだ」というようなタイミングで即時に注文を出すことができるので、特に1分足や5分足などの短い時間軸を見ながら判断するスキャルピングなどの手法と相性がよい注文方法です。

FX会社によっては、1~2回のクリックで注文を出すことができるようなシステムを備えているところもあり、スピーディーな注文を出したいときに使うとよいでしょう。

注意点として、**成行注文はユーザーの注文がFX会社の取引サーバーで処理された時点のレートで約定、つまり、注文が成立することです**。そのため、注文した値段と約定した値段でズレであるスリッページが発

スキャルピング | 短期間で薄い利益を積み重ねていく、スピード重視の取引手法のこと

成行注文で起こるスリッページ

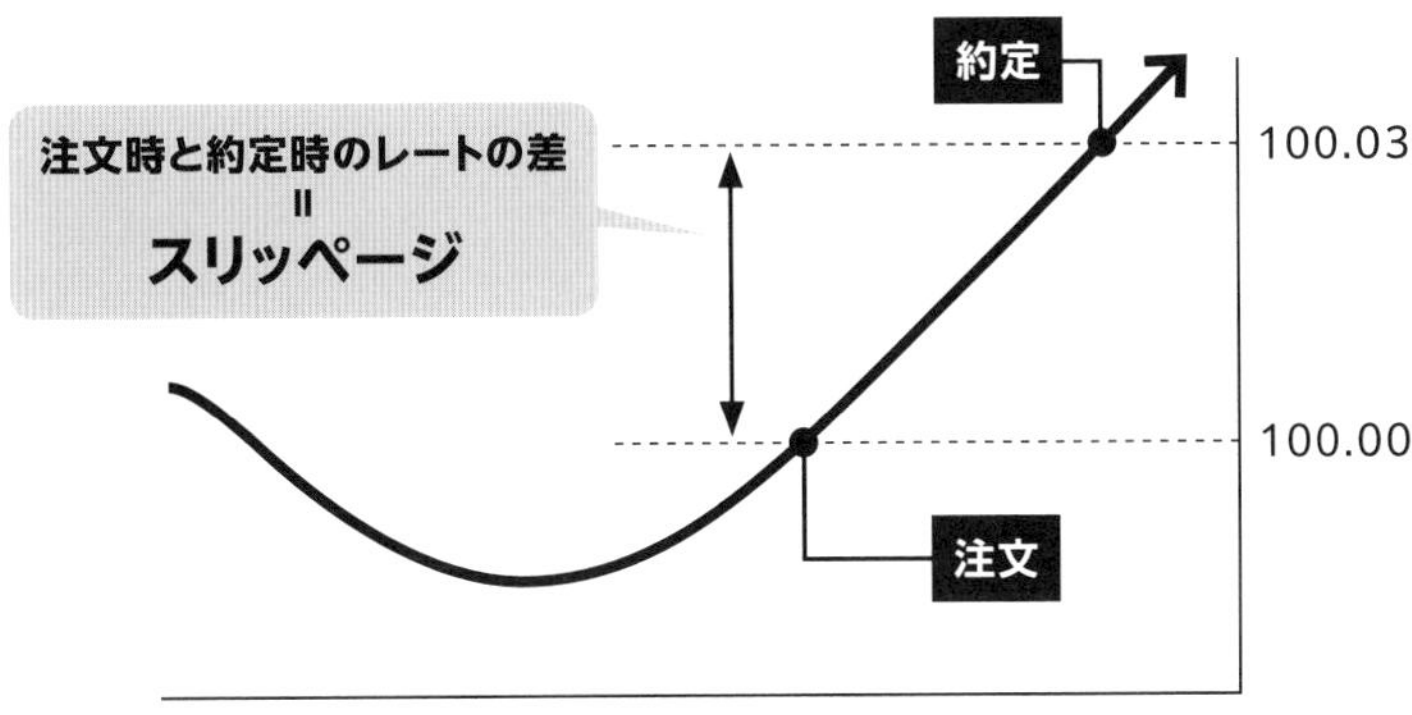

生することがあるのです。

仮に米ドル円を100・00のレートで成行注文をしたとして、サーバーで処理されたレートが100・03であればその分ずれて約定されることになります。**スイングトレードなどでは特に影響がないかもしれませんが、スキャルピングではこれらのズレが大きな差になります。**

こうしたズレは各FX会社のサーバーや約定システムの強弱によって異なるため「なるべくスリッページを出したくない」という場合は、その視点でFX会社選びをするというのもひとつの手です。

経済指標発表時は注意

私がFX会社を選ぶとき最も重視しているのが、スリッページの少なさです。特に経済指標発表時は取引が集中し、スリッページが起こりやすいので要注意です

スイングトレード　細かい値動きは気にせずに、レートの上下のスイングを利用して、大きな値幅を狙ったトレードすること。数日～数カ月とトレード期間が幅広い

取引方法 04

指定した価格で約定する指値注文

あらかじめ売買したいレートを指定しておくのが指値注文

「指値(さしね)注文」は成行注文と反対に「現在のレートから下がったら、または上がったら買いたい、売りたい」という場合に使います。通貨ペア、売りか買いか、買いたい・売りたいレート、数量の4つの条件を指定して行う注文方法です。

買いの指値注文では現在よりも下のレートを、売りの指値注文では現在よりも上のレートを指定します。

その逆は逆指値注文です(48ページ参照)。

指値注文は、今後、レートが上昇もしくは下降すると予想される場合に、より有利なレートで売買したいときに使われることが多いです。たとえば、現在のレートが100円で今後105円まで上昇が見込まれると仮定します。その場合、現在のレートで買っても5円分の利益が出るわけですが、仮に97円で買うことができれば、3円分利益が上乗せされるため、より有利なレートでトレードができることになります。

そうした狙い方をする場合に、あらかじめ97円に買いの指値注文を出しておけば、レートが97円に達した時点で自動的に注文が執行され、買うことができるのです。

また、指値注文は決済を行う場合にも使うことがで

指値注文のしくみ

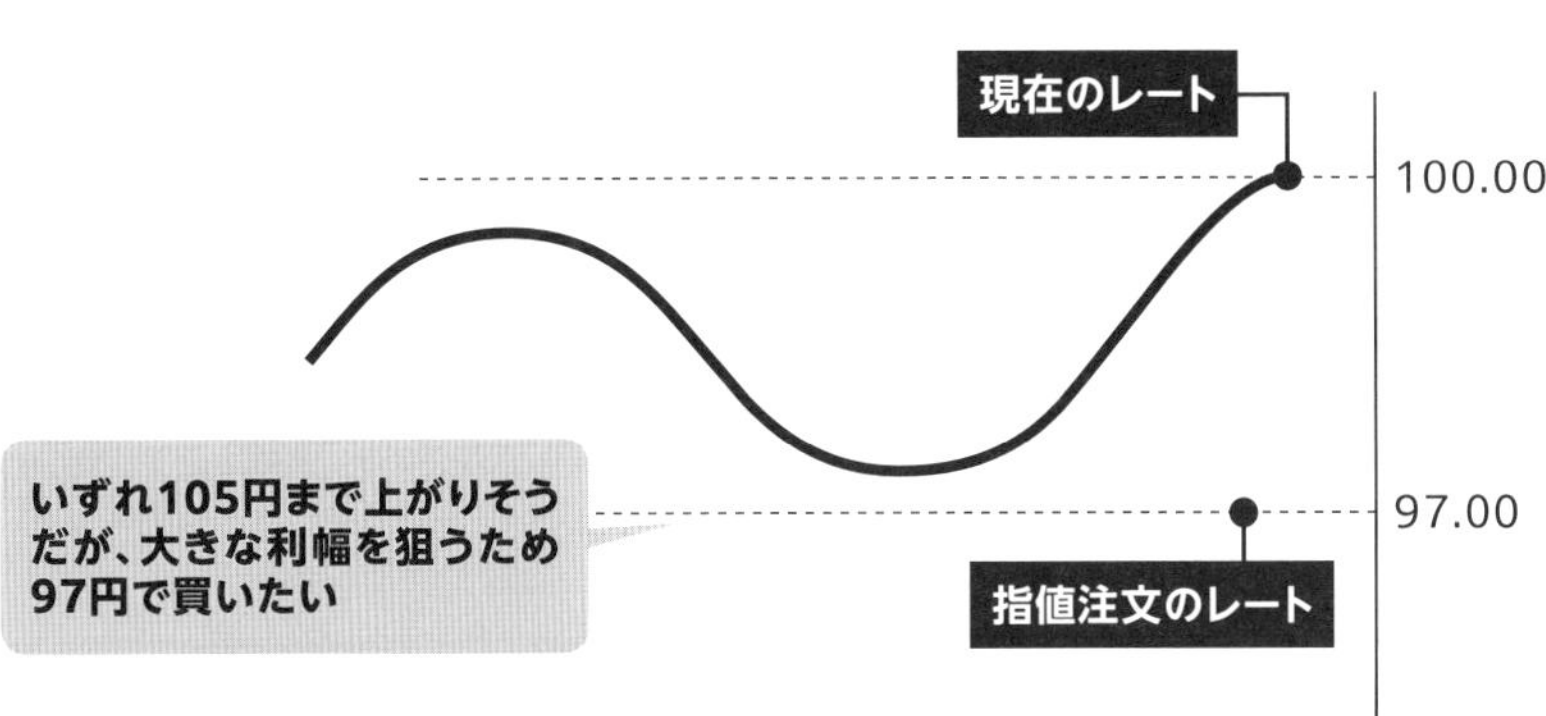

きます。先ほどの例でいえば、買い注文が約定したレートよりも上に決済（売り）の指値注文を出しておくことで、予想通りにレートが上昇した場合に、自動的に決済を行うことができます。

指値注文のメリットとしては、あらかじめレートを指定しておくため、**注文を発注したときのレートと、実際に注文が約定するときのレートの差であるスリッページが、原則的に発生しないことです。**また、注文が自動的に執行されるので、成行注文のように、常にチャートやレートを見ておく必要がないのもポイントのひとつです。

チャートに慣れたら

チャートに慣れて自分が売買したいレートが見えてきたら、目の前のレートに飛びつかず、自分が取りたいレベルに注文を置いて新規ポジションを狙いましょう

05 新規注文と決済注文を同時にするIFD注文

組み合わせ次第で利確や損切りにも使うことができる

注文方法の応用編として「IFD（イフ　ダン）注文」があります。「IF DONE」の略で「もし○○円になったら新規で買って、その後○○円になったら売り（決済し）たい」という、2つの注文を同時に出すのがIFD注文です。

IFD注文ではいろいろな組み合わせが可能なので、自分のプランにあわせて柔軟に使い分けることができるという点がメリットです。

たとえば、米ドル円のレートが今後100円から105円まで上昇すると予想した場合、IFD注文を使って、「100円に買いの指値、105円に決済の売り指値」という2つの注文を同時に出すことができます。通常の指値注文であれば、決済の売り指値は別で出すため、その手間を省けるのです。

また、IFD注文は通常の指値以外にも「逆指値注文」とも組み合わせることができます。**逆指値注文は「ストップ注文」とも呼ばれていて、レートが想定と逆に動いた場合に備えて、あらかじめ損切りを行うレートを指定しておく注文方法です。**たとえば、レートが100円のときに買って、98円に逆指値注文を出しておけば、95円までレートが下がっても2円分の損

逆指値注文｜現在より上のレートで買い、または下のレートで売りを入れる注文方法。単独でも行える

IFD注文のしくみ

IFD注文……新規注文と決済注文を同時にする注文

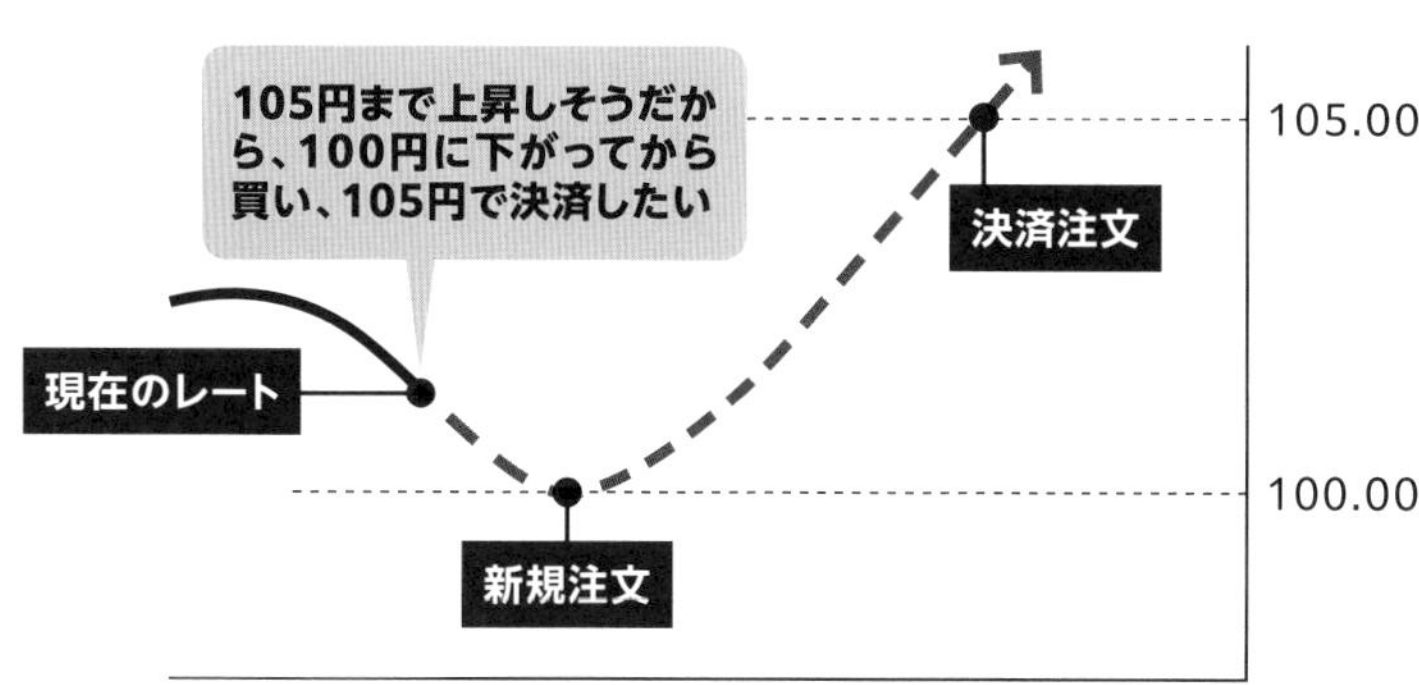

失で済むのです。

つまり、IFD注文を使って「100円になったら買い（指値）、その後98円になったら売り（逆指値）」という組み合わせで注文を出しておけば、想定の逆に動いた場合でも損失を限定させるトレードを行えます。また、想定通りレートが上昇した場合は自分のタイミングで利益確定をすればよいのです。

どのような手法でも、損失のコントロールは必ず行う必要があり、IFD注文は一度の発注で取引を完結させることができるので、デモ口座などで使い方に慣れておくとよいでしょう。

損切りでオーダーする

兼業トレーダーにとって便利な注文方法ですが、利確のオーダーを入れると損切は手動です。はじめは損切りオーダーを入れ、利確を手動でやるのがよいでしょう

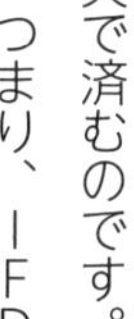

06 同時に指値・逆指値の注文をするOCO注文

レンジ相場の新規注文に有効

応用的な注文方法のひとつとして、「OCO注文」があります。「One Cancels the Other」の略で、**リアルタイムのレートの上下に注文を出しておき、片方が約定されたら、約定されなかった注文は自動的にキャンセルされるというしくみです。**

OCO注文は新規・決済どちらでも使うことができ、それぞれのケースで使い方を考えてみましょう。

まずは新規注文として使うケースです。たとえば米ドル円のレートが100円かつレンジ相場で、今後、上下どちらに動くかわからないような場合、を考えてみます。

OCO注文を使って101円に買いの逆指値（新規）、99円に売りの逆指値（新規）を出しておきます。その後、レートが上方向に動き101円にタッチすると、買いの逆指値が約定し、それと同時に売りの逆指値がキャンセルされます。

損切りの逆指値注文が約定すると利確の指値注文がキャンセルされる

次に決済注文として使うケースです。レートが100円のときに買いポジションを持っているとし

OCO注文を使って新規注文

OCO注文……2つの注文のうち約定されなかったほうがキャンセルされる注文

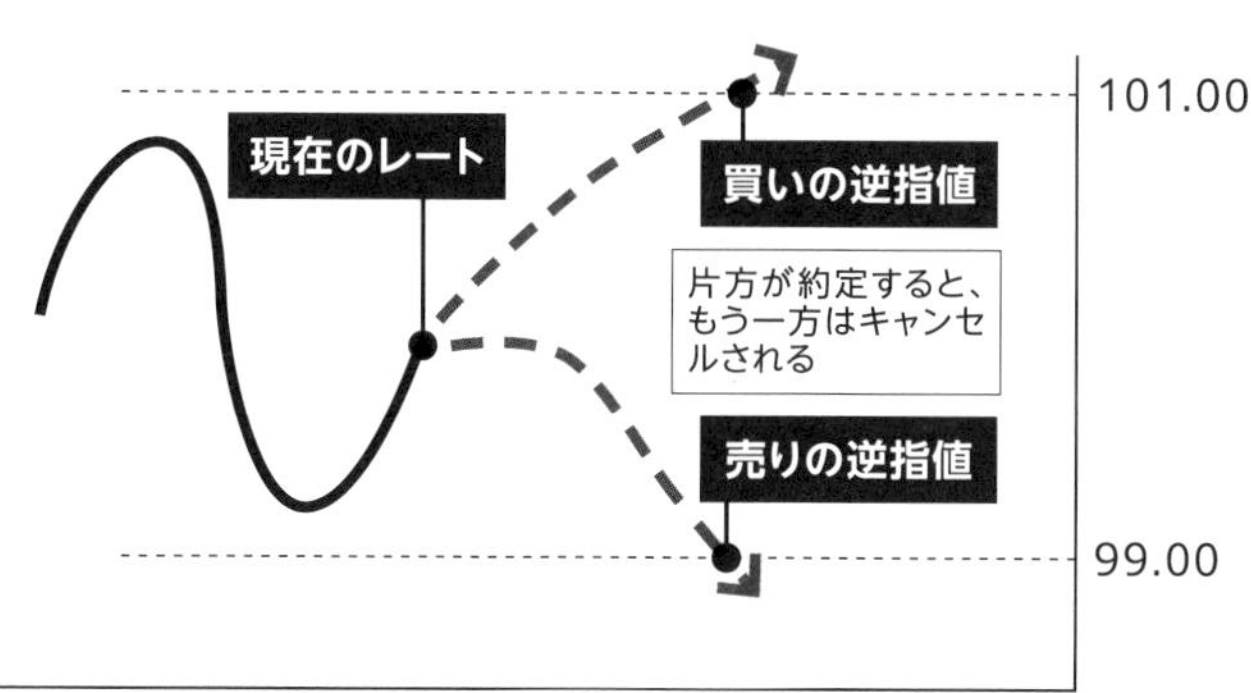

て、101円まで上昇したら利確、99円まで下降したら損切りを行いたい場合を考えます。

OCO注文を使って101円に利確の指値注文、99円に損切りの逆指値注文を出しておきます。その後、レートが99円まで下降した場合は、損切りの逆指値注文が約定し、同時に利確の指値注文がキャンセルされます。

「レンジをブレイクした方向にトレードしたいけど、チャートを見ている時間がない……」という場合に、OCO注文は有効に活用できるので、注文方法の選択肢として覚えておいたほうがよいでしょう。

離席するときに重宝

成行注文でつくったポジションを手仕舞うときに、私はOCO注文を使っています。チャートに張り付いている時間が取れないときには、特に重宝しています

07 IFDとOCO注文を組み合わせたIFO注文

IFO注文を使いこなせばトレードを自動で完結できる

「IFO注文」はIFD注文とOCO注文を組み合わせたものです。

それぞれ、IFD注文は「新規注文が約定したら、同時に決済注文を出す」、OCO注文は「2つの注文を同時に出しておき、片方が約定したら、もう片方をキャンセルする」という特徴を持ちます。

つまり、IFO注文はこれらの組み合わせであるため、「**新規注文が約定したら、利益確定と損切り注文を出し、片方が約定したらもう片方をキャンセルする**」という複雑な内容をひとつの動作で行うことができるのです。

たとえば、現在のレートが100円だとして、今後レートが上昇すると考え、101円に逆指値の買いをIFO注文を使って出したとします。レートが上昇して101円の逆指値の買いが約定すると同時に100円の損切りと105円の利確という2つの注文が自動的に出されます。

そして、仮にレートが100円に達して損切り注文が約定すると、利確の注文がキャンセルされ、レートが105円に達して利確注文が約定した場合は、損切り注文がキャンセルされます。

IFO注文のしくみ

IFO注文……IFD注文とOCO注文を組み合わせた注文

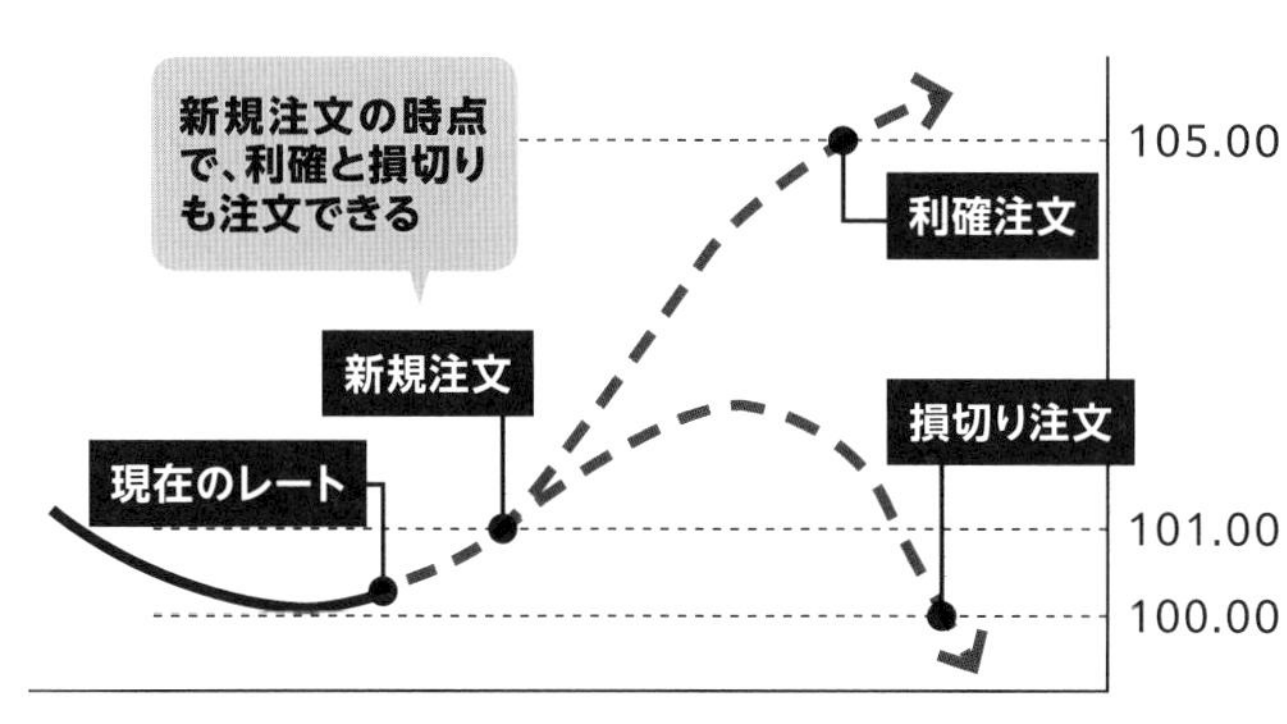

トレードのすべての工程を自動化できる

このようにIFO注文を使えば、新規に出す注文とその後の損切り・利確の決済注文という3つの注文を同時に出すことができるので、**トレードの始まりから終わりまで、すべての工程を自動化することが可能になります**。

しくみが複雑なので、慣れるまでに少し時間がかかりますが、常にチャートをチェックする暇がない人にとっては、非常に便利な注文方法です。

一度の入力で完結

私が最も多く利用しているのがIFO注文です。新規から利確・損切りまで、一度の入力で完結するため、兼業トレーダーさんにとっても使い勝手がよいでしょう

08

成行と指値を使い分けて決済を行う

すぐに決済したいときは成行注文を使う

決済については大きく分けて「成行注文で行う方法」と「指値注文で行う方法」の2つがあり、うまく使い分けれられれば、効率的に資産を守れます。

成行注文の場合、リアルタイムのレートで決済されるため、いつでも即時に決済を行うことができる点がメリットです。

たとえば、ポジションの保有中に要人発言や地政学リスクといったような想定外の出来事が起こると、レートが急変することがあります。そうしたときには、指値で利確の注文を出している場合でも、**成行で早めに決済しておき、ポジションを解消することでリスクに対応することができます。**

しかし、成行注文は新規注文時と同じく、サーバーで処理されたレートで約定されるため、スリッページが発生するリスクを考慮しておく必要があります。

また、損切り・利確どちらの決済にもいえることですが、想定外の動き以外で感覚的に成行での決済注文を多用していると、「利益は少なく、損切りは大きく」というトレードになりがちです。

そのため、**新規注文時には利確と損切りの基準を明確にしておき、プラン通りのトレードを行ったほうが**

要人発言｜政治家や中央銀行総裁などの発言のこと。金融政策などの話が出ると相場が動く

突発的な値動きへの成行決済

[米ドル円　15分足　2020年10月1日～3日]

トータルでは利益につながることが多いという点には注意しておきましょう。

指値注文での決済も、新規注文時と同様に、あらかじめレートを指定して注文を出します。後の章で説明するチャートやファンダメンタルズを分析して明確に目標がある場合に使いやすく、自動的に決済がされるので、常にチャートをチェックしていなくてもよいというメリットがあります。

また、前述のIFD、OCO、IFO注文に組み込むことができるので、プランに基づくトレードに活用しやすいでしょう。

OCOかIFOが多い

損切りは浅く、利確はできる限りひっぱることが理想。成行で決済することもありますが、私はほとんど自分のターゲットで決済するOCOかIFOを使っています

地政学リスク　テロや戦争、災害などによる特定の地域の政治的・軍事的な緊張感が、関係国や世界の経済に影響を及ぼすこと。レートの乱高下につながる

取引方法 09

ＦＸで取引できる通貨には何があるの？

世界の主要通貨

メジャー通貨

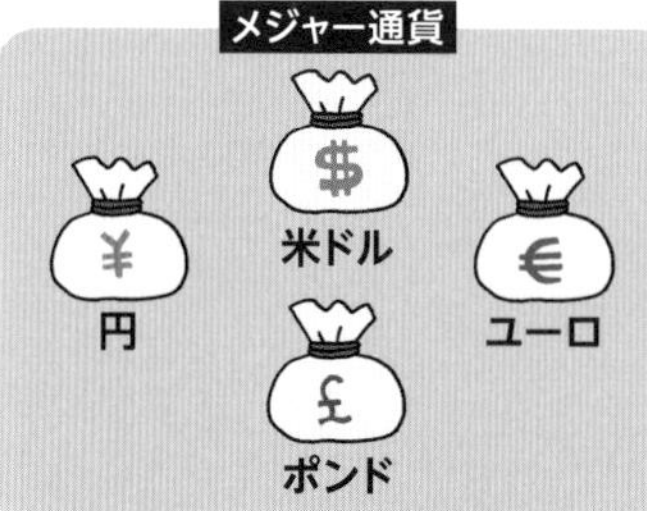

・豪ドル
・NZドル
・カナダドル
・スイスフラン
・香港ドル

マイナー（新興国）通貨

・南アフリカランド
・インドルピー
・ルーブル
・メキシコペソ
など

流通量が
少ない

世界で流通量の多い通貨は基本的に取引できる

世界中にはさまざまな通貨がありますが、そのすべてをＦＸで取引できるわけではありません。ＦＸで取引できる通貨は利用するＦＸ会社ごとに異なりますが、基本的に世界で流通量の多い通貨は取引ができると考えてよいでしょう。

たとえば、米ドルを筆頭に、ユーロ、円、ポンドなどです。次いで、豪ドル、ＮＺドル、カナダドル、スイスフラン、香港ドルなどもほとんどのＦＸ会社で対応しています。

主要FX会社の取引可能通貨ペア数

FX会社	通貨ペア数	FX会社	通貨ペア数
GMOクリック証券	20	SBIFXトレード	34
DMM FX	20	YJFX!	24
外為どっとコム	30	IG証券	100
トライオートFX	17	LINE証券	10

※2020年10月現在　出所：ZAi FX!

取引できる通貨はFX会社ごとに異なりますが、米ドルや円など主要通貨はどこでも扱われています

対応が分かれるのが新興国通貨で、南アフリカランド、インドルピー、ルーブル（ロシア）、メキシコペソ、トルコリラなどが該当します。こうした通貨はおおむね金利が高くスワップ目的のトレードで人気ですが、取り扱いがないＦＸ会社もあります。

つまり、**米ドル円やユーロドルなどの主要通貨ペアだけを取引したい場合は、取引できないＦＸ会社はまずないので、特に気にする必要はありません。**

ただ、新興国通貨など、特定の通貨を取引したい場合は、対応しているＦＸ会社を選ぶ必要があるので、口座開設時に必ずチェックしておきましょう。

ひとつの通貨だけ見る

国の数だけ通貨が存在するので、通貨の組み合わせは無数にあります。最初は下手な鉄砲は数多く撃たずに、ひとつの通貨だけを見続けることをオススメします

スワップ　スワップポイントの略。2つの通貨間の金利差から得られる利益のこと。金利差によっては支払いが生じることもある（176ページ参照）

10 通貨ペアとは2つの通貨の組み合わせ

2つの通貨の組み合わせを「通貨ペア」という

ＦＸは２国間の通貨の交換なので、必ず通貨Ａを買って（売って）、通貨Ｂを売る（買う）という取引になります。

このセットになる２つの通貨の組み合わせを「通貨ペア」と呼ぶのです。たとえば、**米ドルと円を取引する場合は、米ドル円という通貨ペアの買い、もしくは売りとなります**。

チャートソフトなどでは、通貨ペアの表記は基本的にアルファベットになるため、米ドル円であれば「ＵＳＤ／ＪＰＹ」、ポンド米ドルでは「ＧＢＰ／ＵＳＤ」、ユーロ円では「ＥＵＲ／ＪＰＹ」というように表示されます。

「購入する通貨」と「決済する通貨」の組み合わせ

ちなみに、ＵＳＤ／ＪＰＹとＧＢＰ／ＵＳＤで、米ドルの位置がそれぞれ左右にあるのは、通貨ペアを表示する際のルールに基づくものです。

左側は「購入する通貨（主軸通貨）」、右側は「売買する通貨（決済通貨）」として表示されます。いい方を変えると、通貨ペアは左側の通貨に対して、右側の

通貨ペアの表記（米ドル円）

1ドル＝○○円で考える

主軸通貨となる優先順位

ユーロ→ポンド→豪ドル→NZドル→米ドル→その他の通貨→円

通貨がいくらになるのかを示しています。

たとえば、米ドルと日本円の取引であれば1ドル＝100円というように、米ドル1単位ごとに日本円がいくらなのかを示すということです。そのため、米ドルと日本円の取引でJPY／USDではなく、USD／JPYと表記します。

どっちの通貨が主軸通貨（左）になるかというのにも決まりがあります。優先順位が高い順に、ユーロ、ポンド、豪ドル、NZドル、米ドル、その他の通貨、円です。そのため、円は必ず右に並び、決済通貨として扱われます。

効率のよい組み合わせ

円を買うときには、ほかの通貨を売らないといけません。いずれは円をどの通貨に対して買うのが最も効率がよいかまで、見極められるようになりたいですね

外国為替市場で注目される通貨は何？

2019年の通貨別取引量

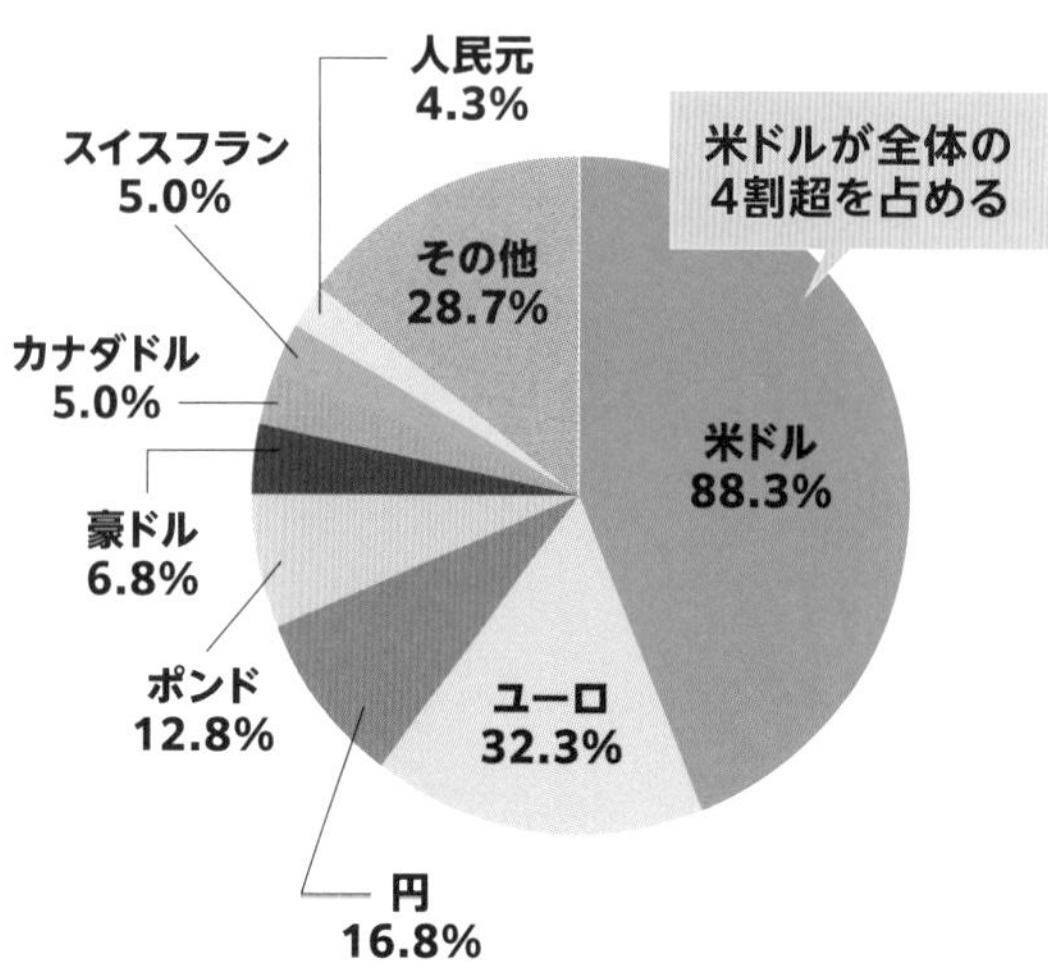

※ペアで取引するため合計200%　　出所：BIS

外国為替市場は世界で最も大きな金融取引市場

国際決済銀行（ＢＩＳ）が3年毎に調査している為替取引量の結果では、２０１９年4月時点で1日当たりの取引額は6.6兆ドルとなっています。そのうち、取引対象となった通貨のうち、全体の88%が米ドルを含む通貨ペアです。次いでユーロが32%、円が17%、ポンドが13%という順番になっています。

米ドルは「基軸通貨」とも呼ばれ、米国内での流通以外にも世界中の貿易や金融取引、各国の外貨準備金などとしても需要の高い通貨です。そのためＦＸにお

外貨準備金　政府や中央銀行が保有する外貨建て資産のこと。債券や金、預金などで構成される

2019年の通貨ペア別取引量

順位	通貨ペア	取引量（10億ドル）	シェア（%）
1	ユーロ米ドル	1584	24.0
2	米ドル円	871	13.2
3	ポンド米ドル	630	9.6
4	豪ドル米ドル	358	5.4
5	米ドルカナダドル	287	4.4
⋮			
9	ユーロポンド	131	2.0
⋮			
11	ユーロ円	114	1.7

出所：BIS

取引量が多いということは注目されているということです。取引しなくても動向は追っておきましょう

いても、まずは米ドルが買われるのか、売られるのかという点が相場全体にも影響することが多く、最も注目される通貨といえます。

米ドルを含む通貨ペアはドルストレートと呼ばれる

通貨ペアごとの取引シェアでも、ユーロ米ドルが全体の24％、米ドル円が13％、ポンド米ドルが9.6％と、米ドルと上位の通貨の組み合わせが全体の半分を占めています。

こうした世界の為替取引は基本的に米ドルを介して行われるという背景から、外国為替市場では基本的に米ドルを基準にしてレートが設定されます。つまり、「1ユーロに対して米ドルはいくらか」「1ドルに対して日本円はいくらか」という形です。

このような、**ユーロ米ドルや米ドル円のような、基軸通貨である米ドルを含む通貨ペアを「ドルストレート（ストレート通貨）」と呼ぶ慣習があります。**

ドルストレートの通貨ペア

ドルストレートとは……基軸通貨である米ドルを含む通貨ペアのこと

EUR／USD
USD／JPY

主軸通貨、決済通貨に関係なく、米ドルが含まれているものがドルストレート

為替取引は米ドルを介して行われるので、外国為替市場では米ドルを基準にレートが設定されます

米ドルを含まない通貨ペアはクロス通貨と呼ばれる

一方、通貨ペアのなかには、「ユーロ円」「ポンド豪ドル」というように、米ドルを含まない組み合わせもあります。実はこれらの通貨ペアは外国為替市場で直接取引されているわけではなく、前述したドルストレートの通貨ペアのレートを組み合わせた「仮想」のレートなのです（左図参照）。

つまり、ユーロ円の例でいえば、まずユーロ米ドルと米ドル円のレートが算出され、そのレートをかけ合わせてユーロ円のレートが算出されます。このような**米ドルを含まない通貨ペアは「クロス通貨（クロスレート）」と呼ばれています。**

国内のトレーダーのなかでは米ドル円、ユーロ円、ポンド円、豪ドル円といった、日本円が関連する通貨ペアに注目が集まりがちですが、米ドル円以外は、それぞれユーロ米ドル、ポンド米ドル、豪ドル米ドルというドルストレートの通貨ペアに、米ドル円のレート

クロス通貨の通貨ペア

クロス通貨とは……米ドルを含まない組み合わせの通貨ペアのこと

クロス通貨はドルストレートのレートを掛け合わせた仮想レートで取引する

主なクロス通貨

・ユーロポンド　・ユーロ円　・ユーロスイスフラン　・豪ドル円　など

をかけて算出されたものです。

クロス通貨だから悪いというわけではありませんが、為替取引は世界中の市場でどのような通貨ペアに注目が集まるのかを考える必要があり、テクニカルやファンダメンタルズで分析していく場合も、まずドルストレートが基準になります。

具体的には、取引シェア上位のユーロ米ドル、米ドル円、ポンド米ドルに加えて、米ドルスイスフラン、豪ドル米ドル、米ドルカナダドル、NZドル米ドルの合計7つは「主要通貨」といっても差し支えないでしょう。

新興国通貨ペアは注意

スワップ狙いの新興国通貨ペアを大きく持ちすぎると、約定時にスリッページが生じたり、最悪の場合は値決めができないこともあるので、気をつけましょう

新興国のスワップ　一般的に新興国の通貨は信用度が低く敬遠されやすい。信用度の高いドルやユーロなどを売って新興国の通貨を買ってもらうために金利を高くしている

12 BIDとASKは異なるレートを示す

BIDは売り、ASKは買いと覚えておく

FX会社で口座を開設して注文画面を開くと、「BID」と「ASK」という見慣れない表記で、左右でレートが異なるので、戸惑う人も多いと思います。

まず、表記についてですが、ユーザーが売る取引を行う際のレートをBID、買う取引を行う際のレートをASKと表記するのが外国為替市場の慣習になっています。そのため、基本的にどのFX会社でも同じ表記になっています。

ただ、表記が特殊だからといっても特別なにかがあるわけではなくシンプルに、**ユーザーから見て売りたい場合は「BID」、買いたい場合は「ASK」と覚えておけばよいでしょう。**

FX会社はユーザーにいくらで売っていくらで買うのかを決められる

また、BIDとASKでレートが異なっているのは、FXという取引自体の特徴によるものです。というのも、たとえば株式取引は証券取引所からユーザーが直接取引するため、どの証券会社を使っていても、株式の価格は変わりません。

一方、FXはというと、**ユーザーは世界の為替市場**

BIDとASKの違い

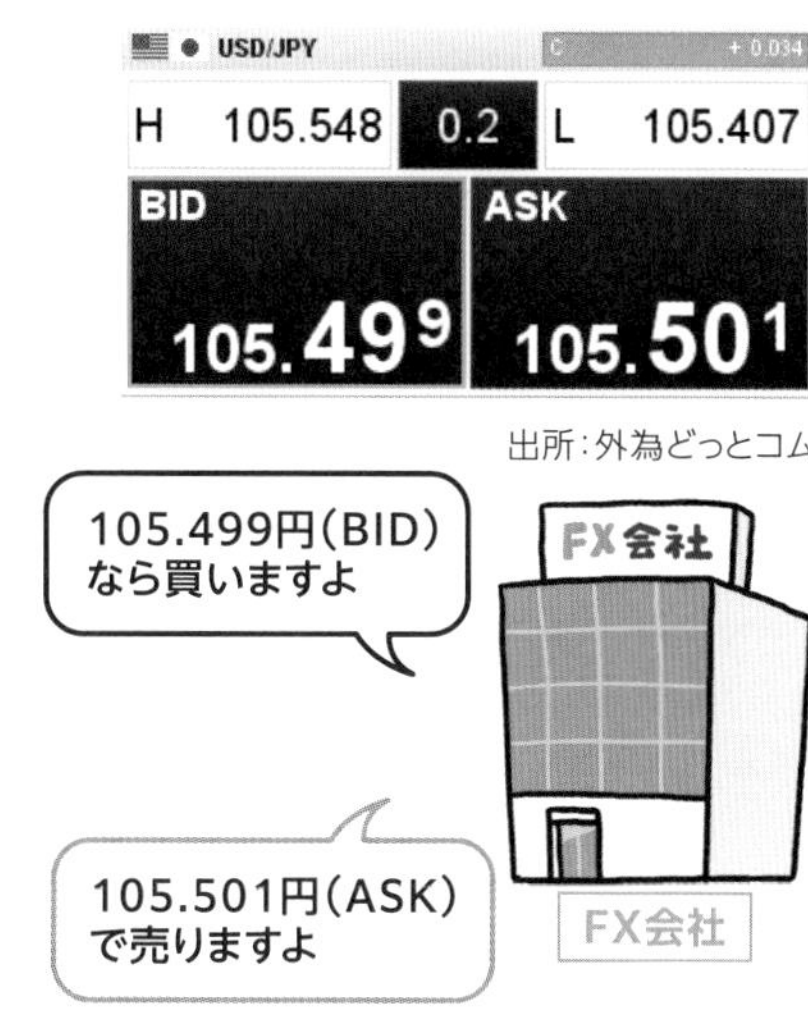

ユーザーから見たら、売値がBIDで買値がASKと覚えておけばいいんだね

投資家

ではなく、利用しているそれぞれのFX会社と1対1で取引しています。

FX会社はユーザーにいくらで売っていくらで買うのかを決めることができるため、BIDは「売りたいユーザーに向けて提示されたレート」、ASKは「買いたいユーザーに向けて提示されたレート」というように、左右で違いが出るのです。

そもそもBIDは「入札」を示す言葉で、ASKは「オファー」を示す言葉です。つまり、FX会社側から見て、BIDが買いたい金額、ASKが売りたい金額として名づけられているのです。

慣れるまではよく確認

私も理解するまでに時間がかかったのがBIDとASKでした。慣れて自信がつくまで、必ず2～3回確認する癖をつけましょう。間違いはパニックの元です

13 スプレッドはFX取引のコスト

ユーザー側が取引時に支払うコスト

株式取引ではどの証券会社を使っても基本的に買い付けする際と、売却する際にそれぞれ手数料がかかります。

しかし、FXでは「売買手数料無料」をうたっているFX会社も多くあり、一見取引コストが安く済むイメージがあります。

ただ、FX会社側も利益を上げなくてはいけないので、どこかでユーザー側にコストを負担してもらう必要があります。そこで、**実質的に手数料の代わりになるのが「スプレッド」です。**

スプレッドとは、64ページで解説したBIDとASKのレート差のことを指しています。この差が、そのままユーザー側が取引時に支払うコストとなります。ASKがBIDより高く設定されているのはこのためです。

たとえば、左図は外為どっとコムが提示している米ドル円のレートです。こちらのFX会社では米ドル円のスプレッドは0.2pips（0.2銭）となっており、BIDが105.499、ASKが105.501と、そのままレートに反映されているのがわかります。

スプレッドはFXのコスト

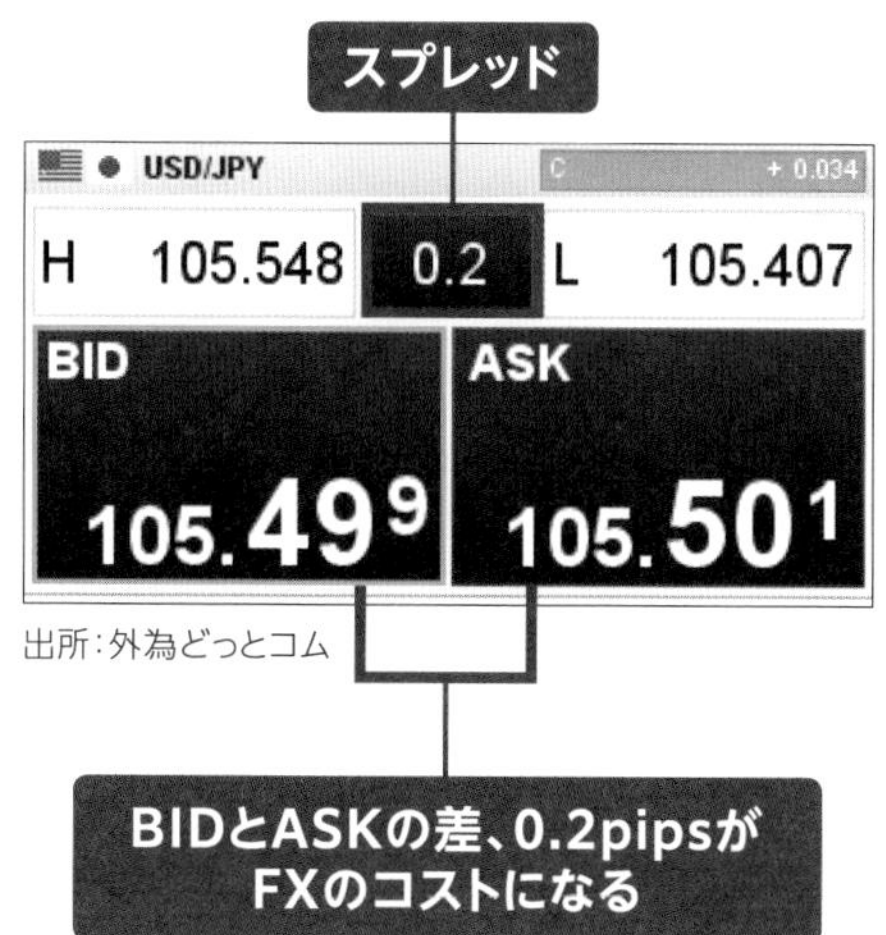

1000通貨単位で2円のコストがかかる

つまり、**ユーザーは外為どっとコムで米ドル円をトレードするたびに、売買どちらでも毎回0・2銭分のコストを支払う必要があります。**

0・2銭というと大したことのない金額のように感じますが、外為どっとコムでは1000通貨が最低取引単位となるため、1lotを取引するたびに2円（0・2銭×1000＝200銭＝2円）かかることになります。

市場の過熱感で変わる

市場が比較的静かなときはスプレッドは狭くなり、逆に、市場のポジションが一方向に偏りすぎて損切りが集中した場合は、スプレッドも不安定になります

1lot　lot（ロット）はFXにおける通貨数量の単位。FX会社によって異なり、基本的には「1lot＝1万通貨分」と定義されている

スプレッドはFX会社によって異なる

米ドル円のスプレッドは 0・2銭から2銭ほど

64ページで解説したとおり、ＦＸ会社が提示する各通貨ペアのレートは、ＦＸ会社側が自由に設定することができます。

そのため、同じ米ドル円のレートであっても、どのＦＸ会社を使って取引するかでスプレッドが異なるので、毎回の取引コストも変わってきます。

金融庁に登録のあるＦＸ会社のなかでも、スプレッドの幅は各社で扱いが異なります。**米ドル円の例でいえば、狭いところで0・2銭、高いところでは2銭と大きく幅があります**。

スプレッドが2銭ということは、1回の取引で2銭以上の利益を上げなければ損失が出るということなので、ＦＸをするうえでは無視できない部分です。

スプレッドは狭いほどよいが 条件面は詳細に確認しておく

特に**スキャルピングなど、取引回数が多い手法を採用している場合、スプレッドの幅は利益に直結します**。

もちろん、狭ければ狭いほどよいので、そうした観点からＦＸ会社選びをするのもひとつの手です。

なかには、スプレッドを0・1銭以下に設定してい

FX会社のスプレッド比較

為替通貨別の手数料・スプレッド比較一覧

会社名(詳細ページへ)	売買手数料	スプレッド					
		米ドル円	ユーロ円	ポンド円	豪ドル円	NZドル円	南アフリカランド円
GMOクリック証券	無料	0.1銭 原則固定(例外あり)	**0.3銭** 原則固定(例外あり)	0.6銭 原則固定(例外あり)	0.4銭 原則固定(例外あり)	**0.9銭** 原則固定(例外あり)	0.8銭 原則固定(例外あり)
YJFX!	無料	0.2銭 原則固定(例外あり)	0.5銭 原則固定(例外あり)	1.0銭 原則固定(例外あり)	0.7銭 原則固定(例外あり)	1.2銭 原則固定(例外あり)	1.3銭 原則固定(例外あり)
DMM FX	無料	0.1銭 原則固定(例外あり)	**0.3銭** 原則固定(例外あり)	0.6銭 原則固定(例外あり)	0.4銭 原則固定(例外あり)	**0.9銭** 原則固定(例外あり)	0.8銭 原則固定(例外あり)
外為どっとコム	無料	0.1銭 原則固定(例外あり)	**0.3銭** 原則固定(例外あり)	0.8銭 原則固定(例外あり)	0.6銭 原則固定(例外あり)	**0.9銭** 原則固定(例外あり)	**0.3銭** 原則固定(例外あり)

出所:FX比較.tokyo

るＦＸ会社もあることはありますが、ｌｏｔ数によって変動することも多いです。申込時にはそうした条件をよく確認しておきましょう。

また、比較サイトなどでは主に米ドル円のスプレッドでランク付けされているので、ついそちらに注目してしまいがちです。

米ドル円だけをトレードする場合はそれでも構いませんが、当然、ほかの通貨ペアも業者によってまったく異なります。自分の取引したい通貨ペアがどれくらいのスプレッドなのかはしっかりとチェックしておきましょう。

総合的に判断する

日本ではＦＸ会社間のスプレッド競争が激しく、狭いほどよいという風潮がありますが、狭い会社がよい会社とは限りません。総合的に判断したいですね

スプレッドは状況によって変化する場合がある

取引が薄くなる時間帯や経済指標発表時には注意しておく

スプレッドに関して、各ＦＸ会社によって提示している幅に違いがあり、狭さを売りにするＦＸ会社も多々あります。ただ、そうしたアピールポイントとして使われているスプレッドについて、「例外的に提示されている数字が変更されることがある」という点には注意しておく必要があります。

ほぼすべてのＦＸ会社で、スプレッドの幅をユーザーに提示する際に「原則固定」という文言が注意書きされています。

スプレッドの「原則固定」

どのFX会社も「原則固定」と表記してあり、場合によっては変動することをうかがわせている

原則固定スプレッド（例外あり）※Aと取引手数料

27通貨ペア業界最狭水準スプレッド！ ※A
原則固定スプレッド（例外あり）各営業日午前9時～翌午前3時の時間帯で提供
（「米ドル/円」「ロシアルーブル/円」に限り各営業日午後4時～翌午前1時の時間帯で提供）

通貨ペア	スプレッド	取引手数料
米ドル/円	0.2銭 ⇒ **0.1銭** ※3	
ユーロ/円	0.5銭 ⇒ **0.3銭** ※3	
ユーロ/米ドル	0.4pips ⇒ **0.3pips** ※3	
豪ドル/円	0.7銭 ⇒ **0.6銭** ※3	
ポンド/円	1.0銭 ⇒ **0.8銭** ※3	
NZドル/円	1.2銭 ⇒ **0.9銭** ※3	
カナダドル/円	1.7銭	

出所：外為どっとコム

スプレッドが変動する要因

スプレッドを広げる目的

レートが急激に変動するような状況の前や直後に、スプレッドを広げることで取引を抑制する

1 流動性が下がる時間帯

日本時間の早朝5時～8時はニューヨーク市場が閉まり、流動性が下がるため、スプレッドを広げてレート急変を避ける

2 注目度の高い経済指標の発表

米国雇用統計など、注目度の高い経済指標直後はレートが大きく動くため、あらかじめスプレッドを広げている

3 大きな事件や事故の直後

各国首脳のスキャンダルや大震災などの直後は売買バランスが崩れるため、スプレッドを広げて対応する

これは、通常時であれば提示したスプレッドで固定されていますが、たとえば相場の取引が極端に薄くなる時間帯（日本時間の朝方や、年末年始の期間など）や、経済指標発表時など、レートが極端に動く可能性のある場合には、**例外的な措置として、FX会社側がスプレッドを拡大させて取引を抑制することがあるのです**。

そうしたコスト込みでも取引したいという場合は問題ないですが、スプレッドが拡大している状況では、通常時よりも利益が乗るまでの道のりが長くなるので、注意しておいたほうがよいでしょう。

大事件発生時は注意

大事件が起きると、最悪の場合は自分が置いた損切りオーダーがかけ離れたレベルで約定してしまい、追証発生の危険性があることを肝に銘じてください

COLUMN3

FX会社ごとのデモ口座の特徴

デモ口座の特徴を押さえよう

FX取引を始める前に行うデモ口座での取引は、FX会社によって特徴に違いがあります。

たとえば、外為どっとコムの「バーチャルFX」やDMM FXの「DMM FXデモ取引」などでは、バーチャルトレードの成績によって賞品がもらえます。国内在住あれば未成年でも参加可能です。2020年に行われる外為どっとコムの第35回バーチャルFXコンテストでは、最大でギフト券10万円の賞金が設定されています。また、DMM FXのデモ取引体験では、上位1000人に総額1000万円分の現金またはギフト券が贈呈されます。

景品がある一方、そのようなデモ口座は有効期限があり、限られた期間でしかトレードができませんが、みんなのFXや外為オンラインなどのデモ口座は無制限に利用することができるので、自分のペースでFXの取引を学ぶことができます。

本番のトレードに向けた練習として、ぜひ活用してみましょう。

外為どっとコムの「バーチャルFX」では外貨ネクストネオという取引ツールを90日利用することでき、トレード成績によって賞金がもらえる。

出所：外為どっとコム

4章

FXチャートを読み解く

基本編

ここからはチャートの見方を説明します。まずはローソク足やトレンド相場、レンジ相場などの基本的な部分を確認しましょう。

チャート基本 01

FXのチャートは何を表しているの？

一般的な3種類のチャート

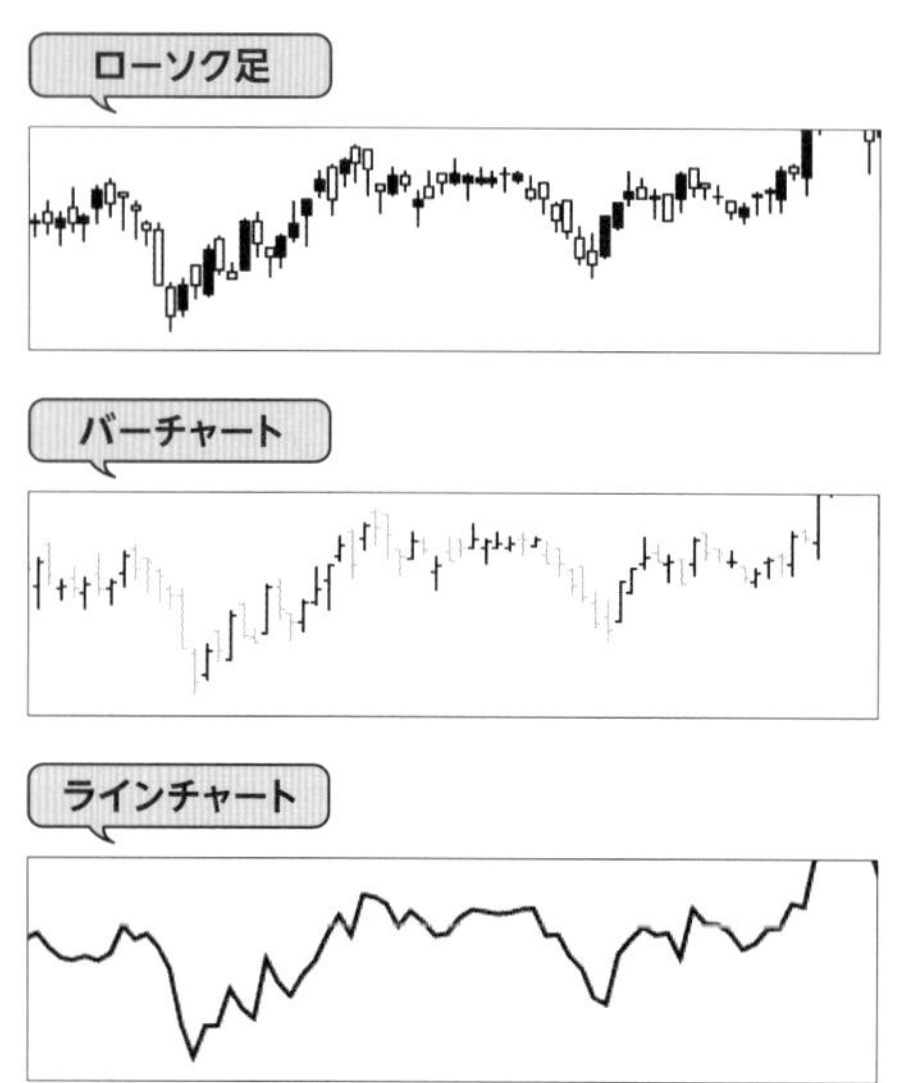

FXではレートの動向を示す罫線表として使われている

「チャート」はラテン語のパピルス（紙）が語源の言葉で、海図やカルテなどいくつかの意味で使われますが、ＦＸではレートの動向を示す「罫線表」という意味で使われています。

たとえば、米ドル円のレートが１００円から１０１円まで動いたということは、米ドル円が買われたという売買の結果です。この**レートの変化を視覚的に表すのがチャートなのです。**

一般的には、日本生まれで馴染みの深い「ローソ

期間の区切り

[米ドル円　日足　2020年1月〜9月]

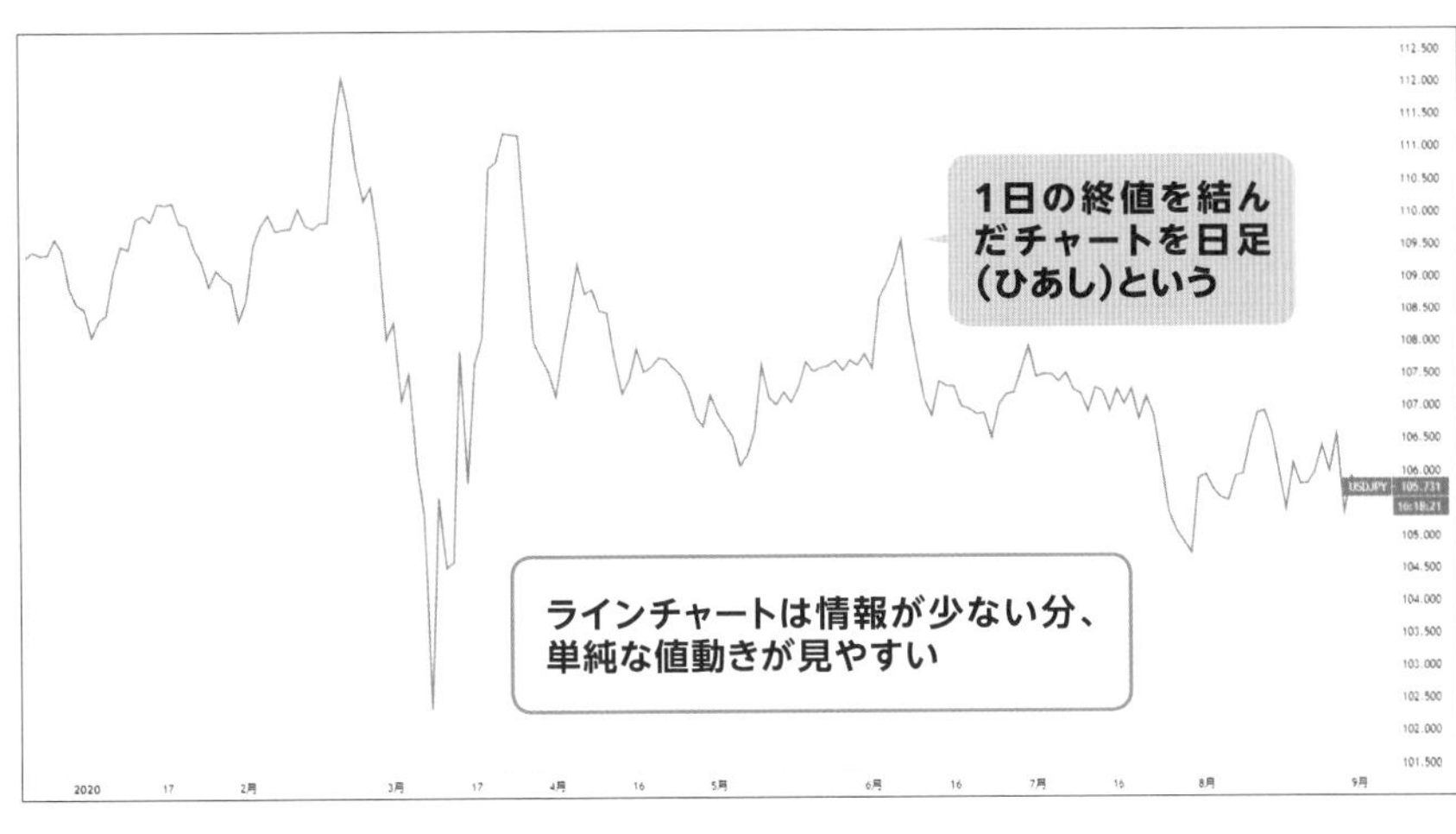

ク足」や、主に欧米で使われている「バーチャート」、シンプルにひとつの価格をつないだ「ラインチャート」などが使われています。形状の違いはそれぞれの集計方法によるもので、たとえばラインチャートであれば、基本的には一定期間の終値をつないだものです。

また、これらのチャートには「時間軸」という考え方が共通しています。先ほどのラインチャートであれば、1日分の終値を集計してつないだチャートが「日足」、1時間分の終値をつなぐと「1時間足」、5分間の終値をつなぐと「5分足」というような呼び方をします。

FXの基本中の基本

為替取引をするときになくてはならない「基本中の基本」が、チャートです。最初はわからなくても、とにかく見て慣れる癖をつけましょう

チャート基本 02

期間とレートで構成されるFXチャートの見方

チャートの基本的な見方

[米ドル円　4時間足　2020年6月～7月]

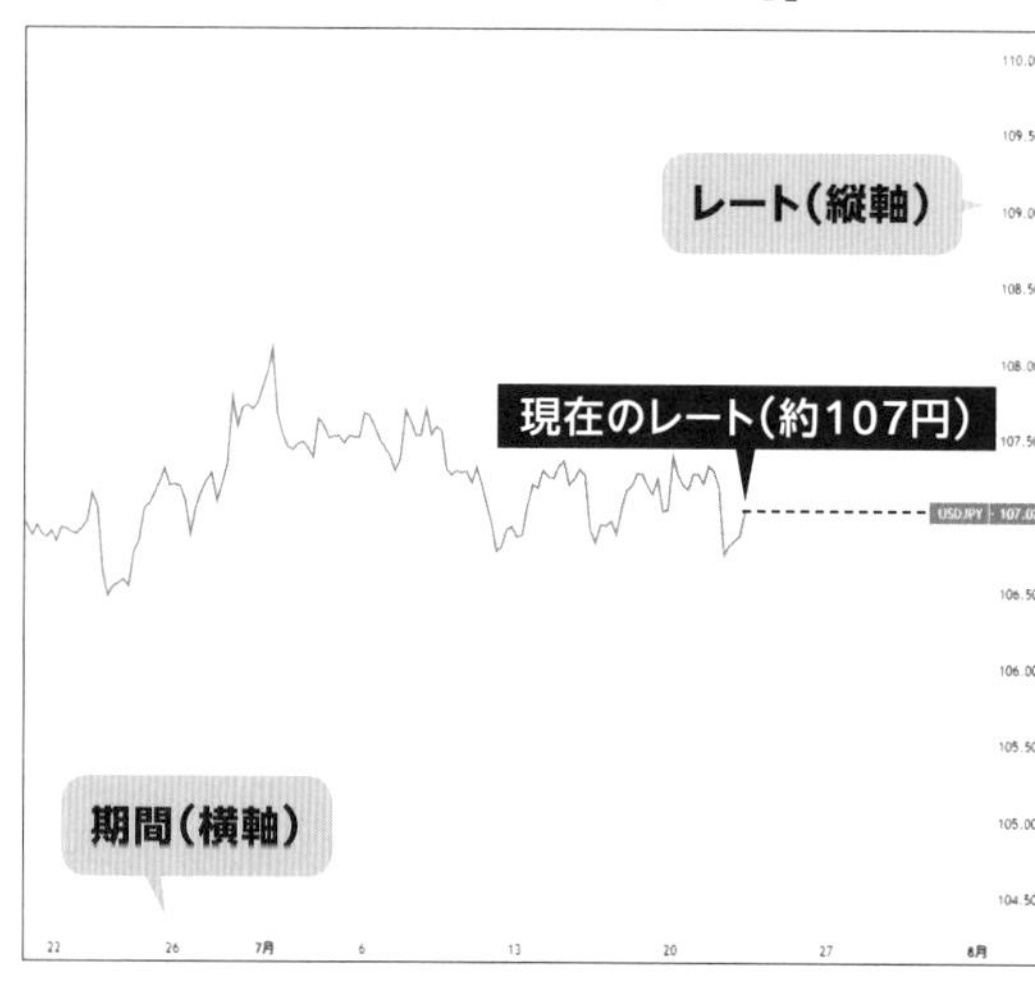

チャートの右端が現在のレートを示す

ＦＸチャートは「期間」と「レート」という、２つの軸でできています。期間は下側にある横軸のことで、たとえば日足チャートの場合は約１年分、１時間足の場合は数カ月、５分足の場合は約１カ月分というように、設定した時間軸によって、表示できる期間が異なります。

また、縦軸はチャートに表示している通貨ペアのレートを示しています。レートは下に行けば行くほど低くなり、上に行けば行くほど高くなります。

チャートの動き方

［米ドル円　4時間足　2020年5月～7月］

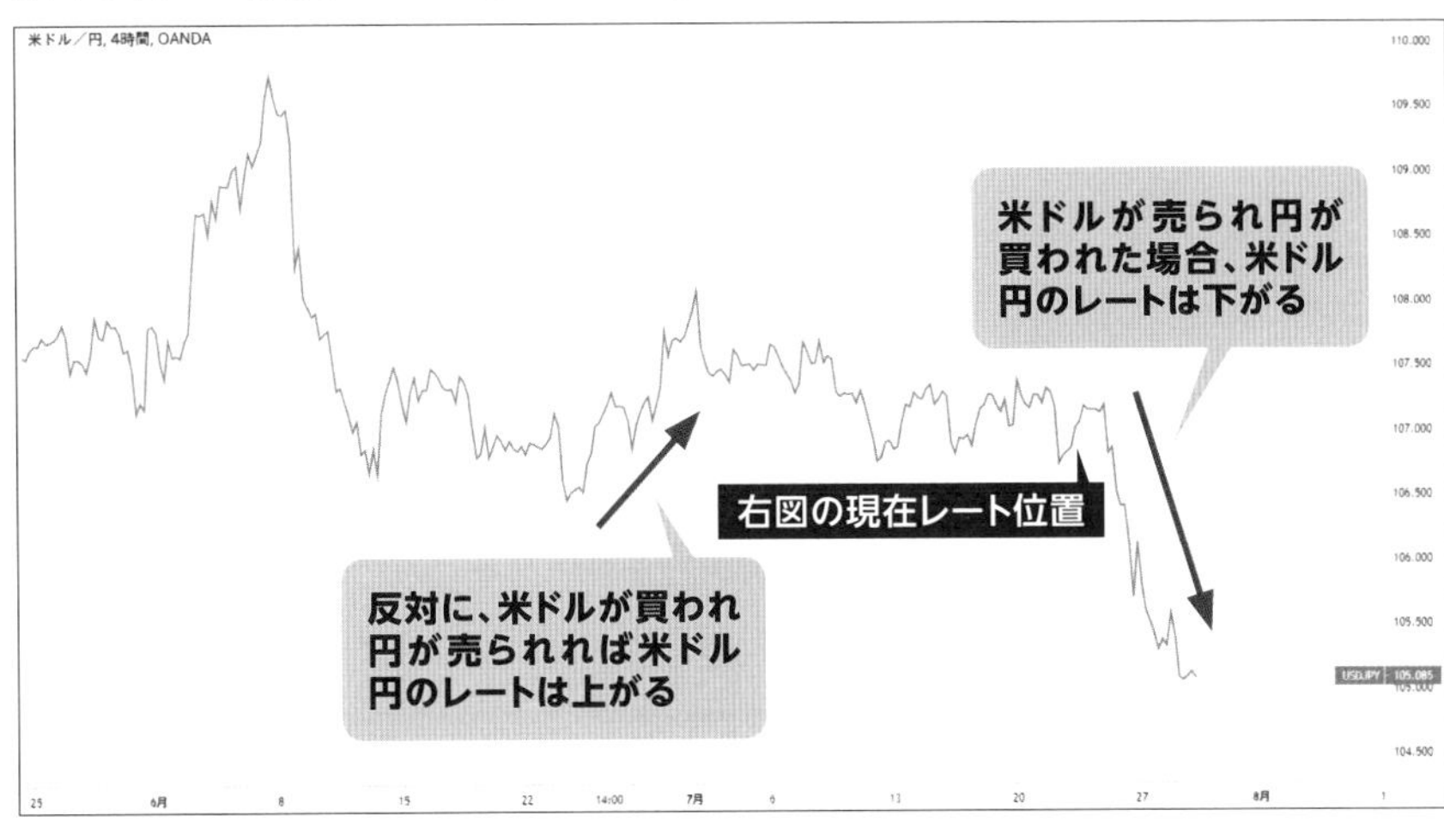

横軸の期間は、時間が経過するごとに左から右に動いていくため、チャート（ここではラインチャート）の右端が指している部分が「現在のレート」（右図）ということになります。

このことを踏まえて、チャートがどのように動くかを考えてみましょう。右図で表示している米ドル円の直近のレートは約107円です。FXは2つの通貨間の取引なので、たとえば**米ドルが売られ、円が買われた場合、米ドル円のレートは上図のように下がります。**逆に、米ドルが買われ、円が売られれば米ドル円のレートは上がることになります。

値動きの基本は米ドル

ドル安／円高のときにチャートは下がり、ドル高／円安のときには上がります。米ドルを基本にして考えるからです。きちんと分かるようになるまで練習です！

過去のチャートから値動きを予測する

チャートの必要性

現在のレートしかわからない場合

米ドル円　**100.7円**

この価格が高いのか低いのか、今後のレートが上がるのか下がるのか検討をつけずらい

過去のレートの動きがわかる場合

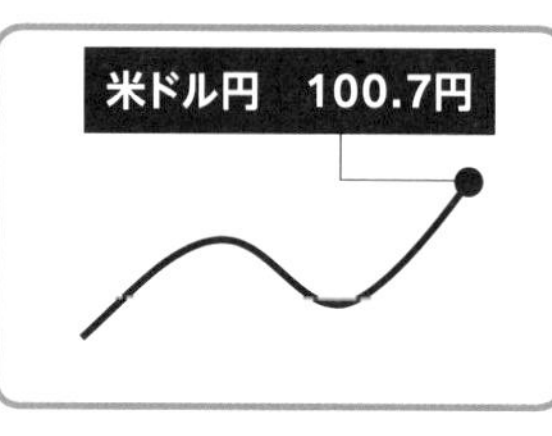

これまでのレートが上昇の傾向にあることがわかるため、「今後も上がるだろう」など予想が立てやすい

過去チャートを見ることで現在のレートの位置を把握する

テクニカル分析とは、チャートの情報をもとにレートが上がるか下がるかを分析していくものです。その分析の根本となるのが、過去チャートの動きです。

仮に現在のレートしか確認できない状態であれば、今後、レートが上がるのか、それとも下がるのか、確率は五分五分です。ただ、ここに**過去の動きを含めて分析していくことで、現在のレートが相対的にどの位置にあるのかを把握することができます。**

たとえば、左図のチャートでは大きな下降があり、

過去のチャートと現在のレートで未来を予想

[ポンド米ドル　4時間足　2020年2月～3月]

少し落ち着いたのが現在のレートとなります。

ここからどのような情報を受け取るかは人それぞれですが、少なくとも「さすがに下げすぎているから、今後は反発するだろう」「下向きの動きが強いということは、今後も下降が続くだろう」といった、今後の予測は立てやすくなるはずです。

未来の正確な為替レートは誰にも当てることはできません。そのため、過去のレートの動きから現在のレートの位置を読み取ることで、「将来的にこの位置にあるだろう」という仮定を重ねて、売買のタイミングを決めるのがテクニカル分析を行う意味なのです。

得意な手法を見つける

テクニカル分析には、いくつものやり方があります。どれかひとつ、自分が気にいったものを極めてみましょう。下手な鉄砲をいくら撃っても、当たりません。

チャート基本 04

チャートの節目を見てトレーダーの心理を読む

トレーダーの判断基準

この価格までレートが
上昇したら売却しよう

¥

ここのラインでレートが
反発したら購入しよう

€

相場の値動きはトレーダーの
心理によって変動している

過去チャートは相場の心理を把握することができるツール

過去チャートの分析で得られる情報としてもうひとつ有用なのは、**相場に参加するトレーダーたちの「心理」を読み取ることができる**、という点です。

FXの値動きというのは、テクニカル分析に慣れていない状態で見ると、まったくランダムに動いているような印象を受けます。しかし、レートに動きがあるということは、その通貨ペアが世界中の誰かに売買されているということです。

そうした売買のうち、いくつかはアルゴリズムなど

レートの動きとトレーダーの心理

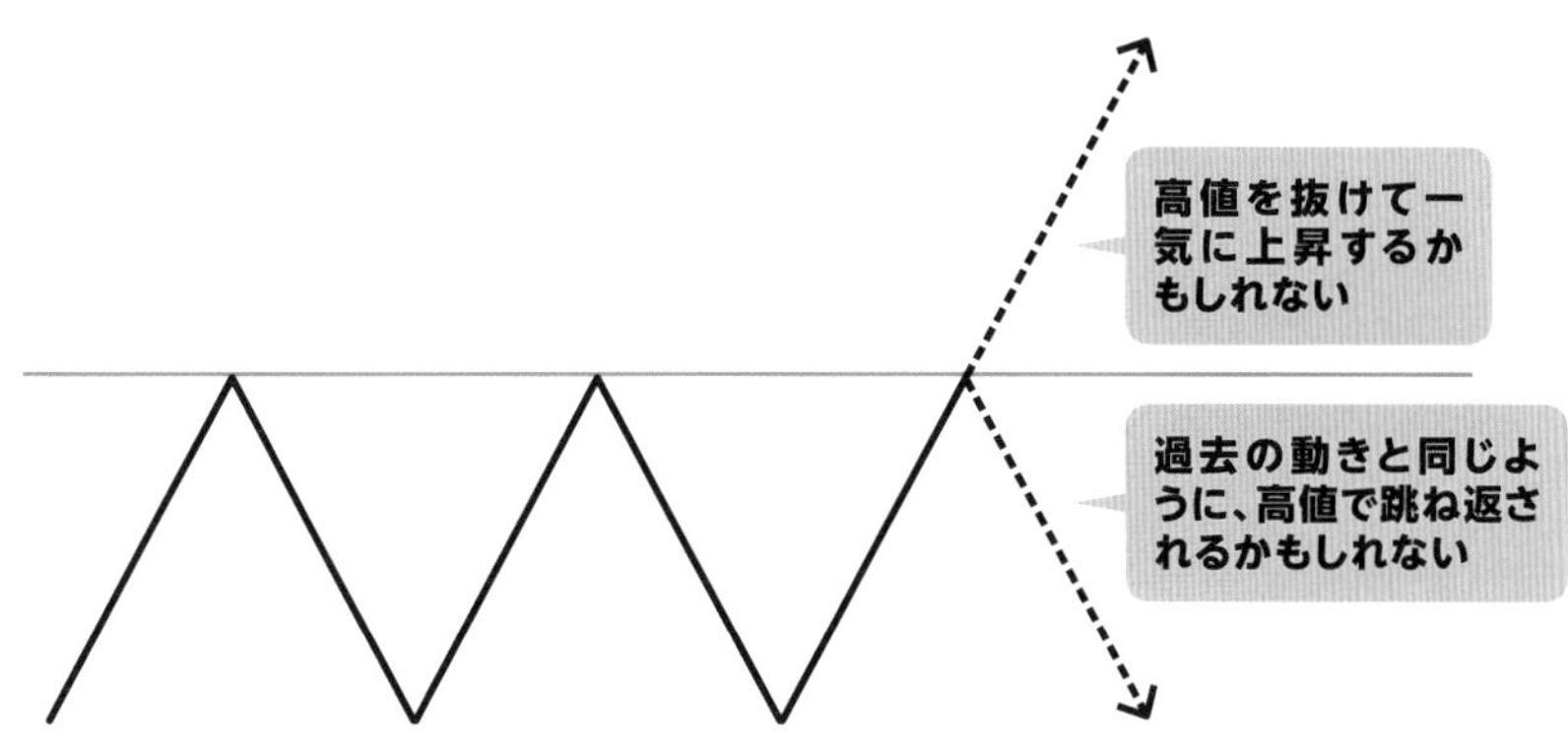

トレーダーは過去のチャートや今までの経験から、この先の動きを予想する

のシステムによるものですが、その根幹となる指針は人間によってプログラムされています。つまり、相場におけるあらゆる売買は対面するトレーダーが関わっている、ともいえます。

その前提から考えると、相場に参加するトレーダーは、それぞれの基準をもとに「このレートに達したら売ろう」「ここで反発したら買おう」という判断をしたうえで、売買を行います。

トレーダーの心理としてチャートの節目が意識される

売買の判断をするうえで意識されやすいのが、過去チャートから判断できる「相場の節目」です。たとえば、過去に2連続で上昇がストップしている高値があり、直近のレートがその高値に近づいて来た場合、チャートを見ているトレーダーはどのように考えるでしょうか？

「二度あることは三度ある」ということわざがあるように、「高値でもう一度跳ね返されるかもしれない」

アルゴリズム　AIが現在の相場状況を判断し、過去のチャートから導き出される最適なエントリー方法がどれなのかを瞬時に考え売買を行うもの

高値でレートが反応している例

[ユーロ円　日足　2017年8月～2019年2月]

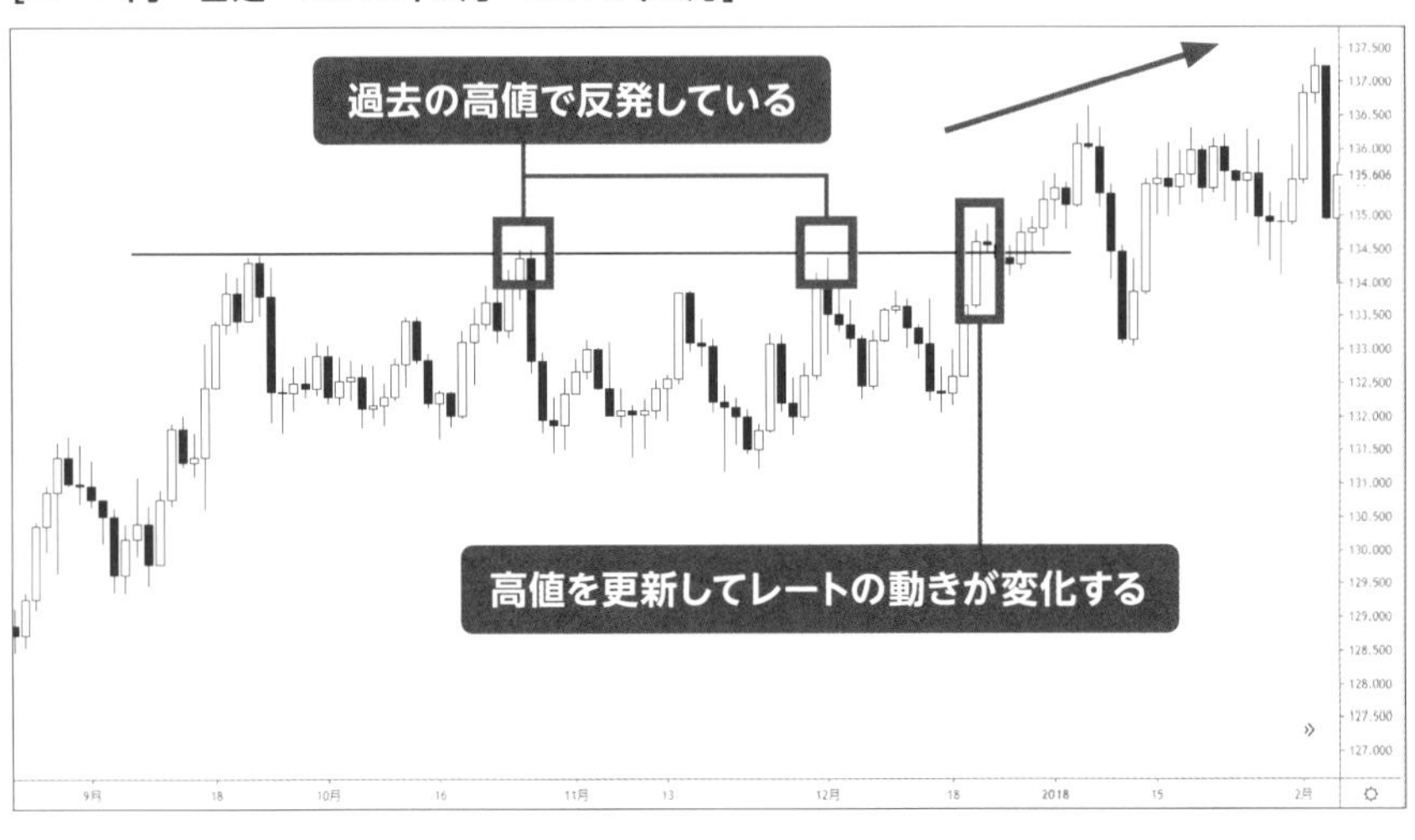

と考えるトレーダーもいるでしょうし、反対に「高値を抜けたら弾みがついて、一気に上昇するかも知れない」と考えるトレーダーもいるかもしれません。

わかりやすいポイントは売買を行う根拠になりやすい

本来、直近のレートと過去の高値や安値は関係ありません。にもかかわらず、そうした過去のレートが相場において意識されるのは、相場に参加するトレーダーが人間であり、売買を行う根拠を探す際に、「わかりやすいポイント」を求めてしまうという心理があるからです。

その意味で、どのような手法でトレードする場合でも、チャートの節目になるポイントは必ずチェックしておきましょう。そうすることで、直近のレートから、将来どのように推移していくのかを予測するのに役立ちます。

相場の節目として、先ほどの高値や安値は最も意識されやすいポイントです。特に日足チャートの高値・

キリ番でレートが反応している例

[ユーロ円　4時間足　2017年3月～4月]

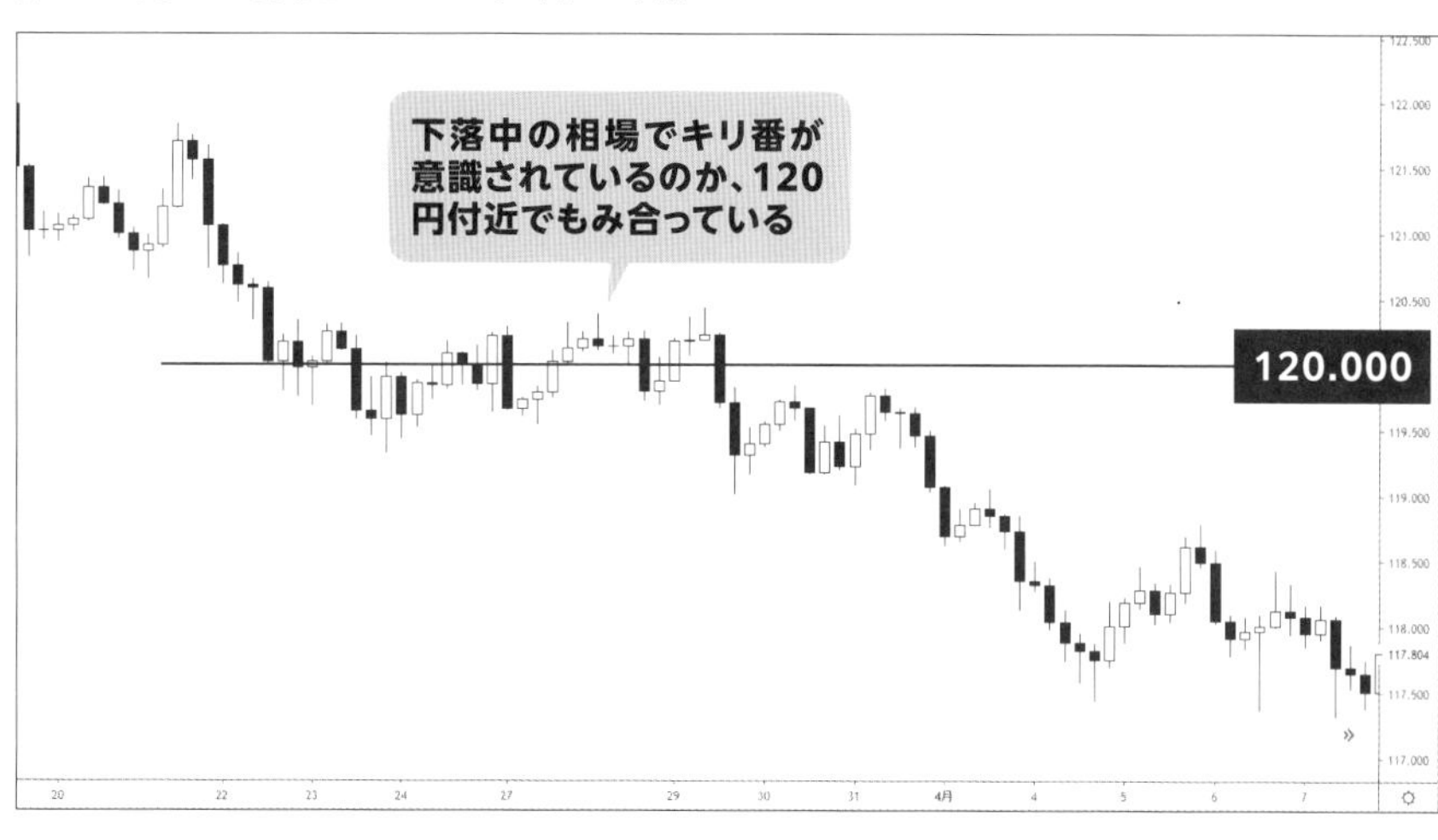

下落中の相場でキリ番が意識されているのか、120円付近でもみ合っている
120.000

安値は、短期～長期どの時間軸を採用しているトレーダーでも参考にしている節目なので、注目しておく必要があります。

また、**「100.000」「1.50000」といった、キリのよいレート（いわゆる「キリ番、ラウンドナンバー」）も意識されやすい節目です。** キリ番に到達したからといって、必ずしもレートが急激に動いたり、反転するわけではありませんが、心理的に目標値の目安にはしやすいです。そのため、逆指値や指値注文が置かれやすい、という点は頭に入れておいたほうがよいでしょう。

過去の値動きを見る

テクニカル分析が難しいときは、過去にどのレベルで値動きがサポートされたり、跳ね返されたりしたか調べてみましょう。おもしろい発見がありますよ！

チャート基本05

1本のローソク足から何が読み取れる？

ローソク足の構成

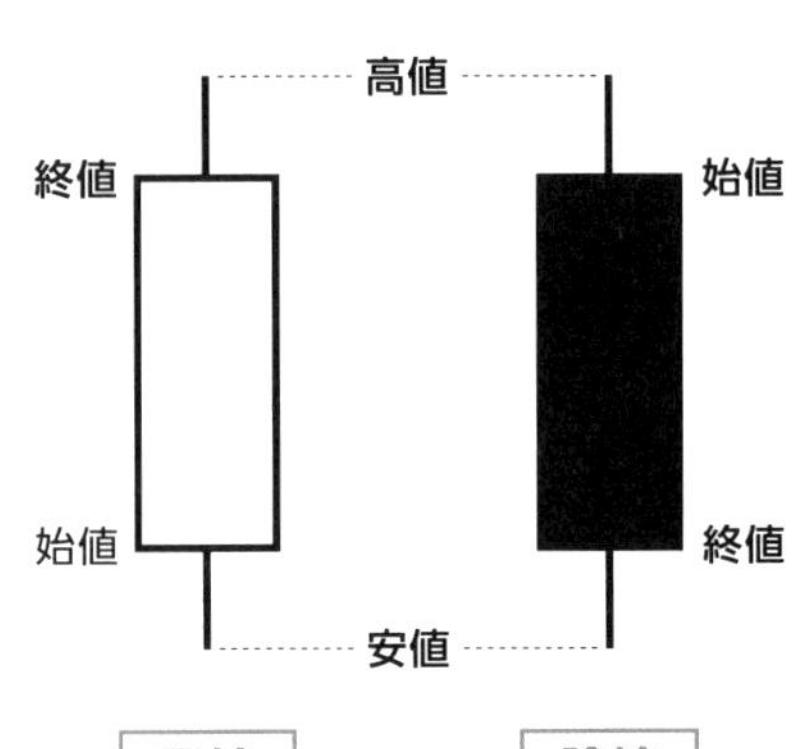

※実体とヒゲの見方は88ページ参照

ローソク足は値動きそのものを示すテクニカル

ローソク足の最も大きな特徴は、一定期間において「始値」「終値」「高値」「安値」という4つのレートを、「実体」と呼ばれる四角の部分と、「ヒゲ」と呼ばれる上下の縦線で表すという点です。

４つのレートは日足の場合、文字通りですが、始値はその日の最初についたレート、終値はその日の最後についたレート、高値はその日の最も高かったレート、安値はその日の最も安かったレートを表し、それぞれの値によってローソク足の形状が変化します。

ローソク足でレートの動きがわかる

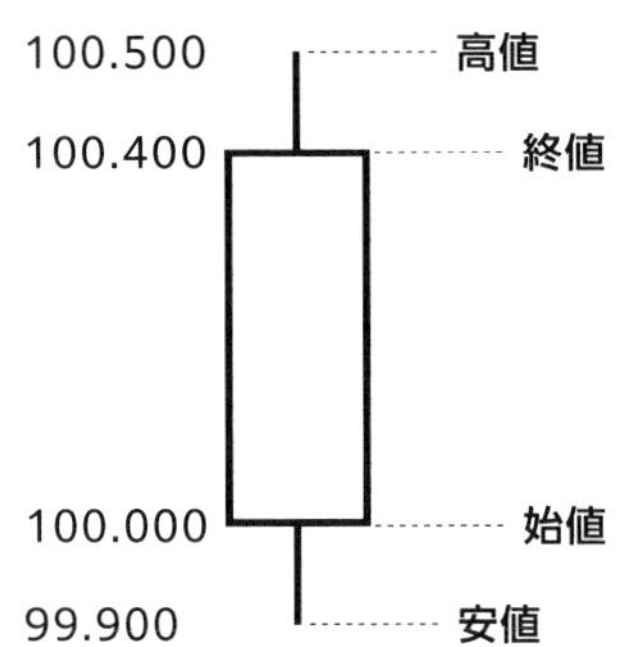

始値よりも終値が高い
➡**陽線**

始値よりも終値が安い
➡**陰線**

日足のローソク足1本を見るだけで1日のレートの動きがわかります

たとえば、始値が100.000、終値が100.400、高値が100.500、安値が99.900の場合は上図のような形状になります。**さまざまな形状のローソク足の組み合わせパターンを分析することで、値動きだけでなく市場に参加しているトレーダーの動向を把握することもできるのです。**

「テクニカル分析」というと、移動平均線やMACDなどのテクニカル指標を思い浮かべがちですが、値動きそのものを表すのは、ローソク足をはじめとしたチャートですし、この値動きを分析することこそが、テクニカル分析の根本となるのです。

AIとの心理戦

ローソク足に慣れてくると、見ているだけで、そのときの取引状況が頭に浮かんでくるようになります。人間とAIとの心理戦、それがローソク足です

ローソク足に注目してトレーダーの動向を分析する

大陽線の出ているチャート

[米ドル円　1時間足　2020年5月6日～12日]

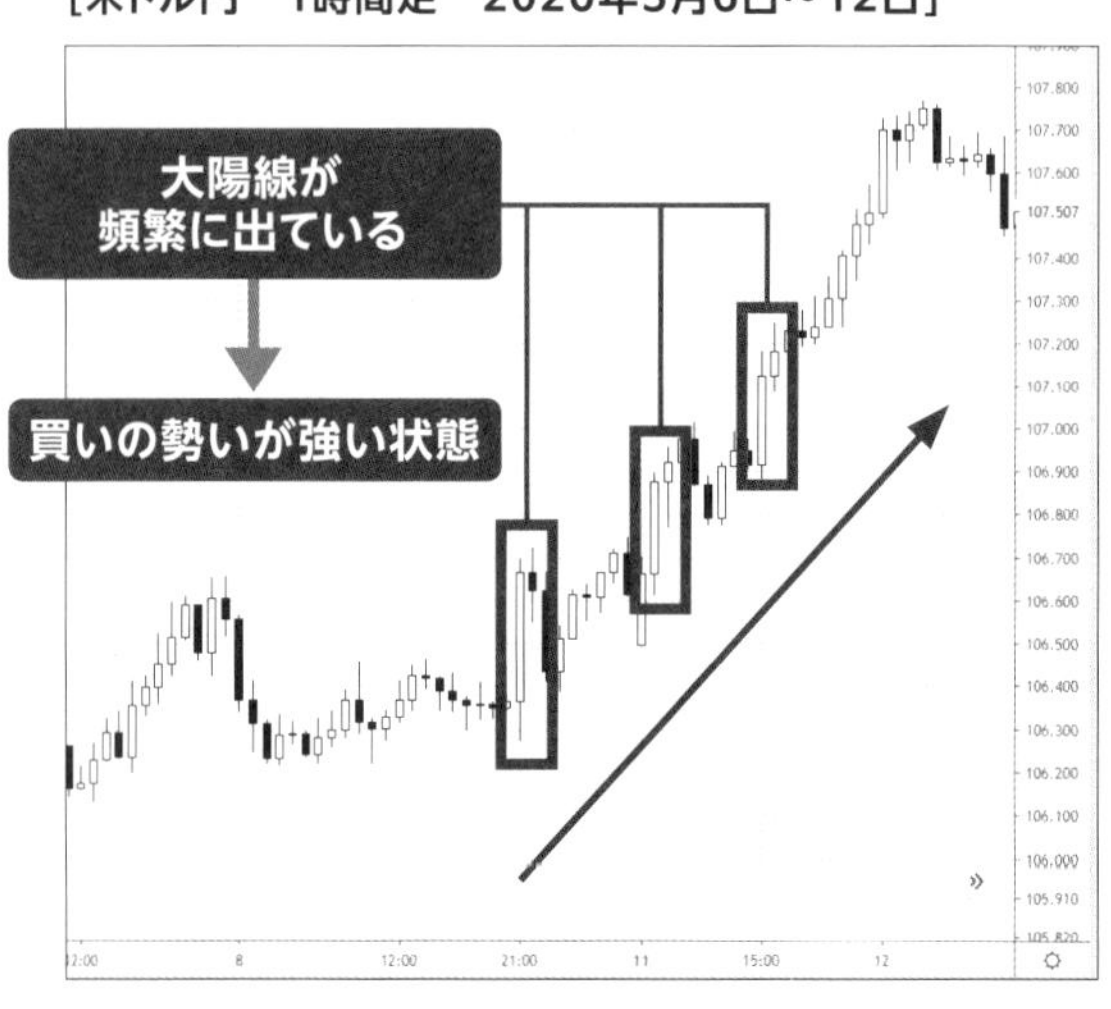

2つの形状を確認して相場の勢いが強いか弱いかを分析

ローソク足は4つのレートによって形状がさまざまに変化し、それを分析することで相場に参加しているトレーダーの動向を分析することができます。

分析の最も基本的なやり方としては、まず形状が「陽線」か「陰線」なのかを見ていきます。

陽線とは、始値よりも終値が高いローソク足のことです。日足であれば、その日の最初のレートから高く終わっているので「売った人よりも、買った人が多かった＝買いの勢いが強かった」と判断することができま

大陰線の出ているチャート

[米ドル円　1時間足　2020年7月23日〜31日]

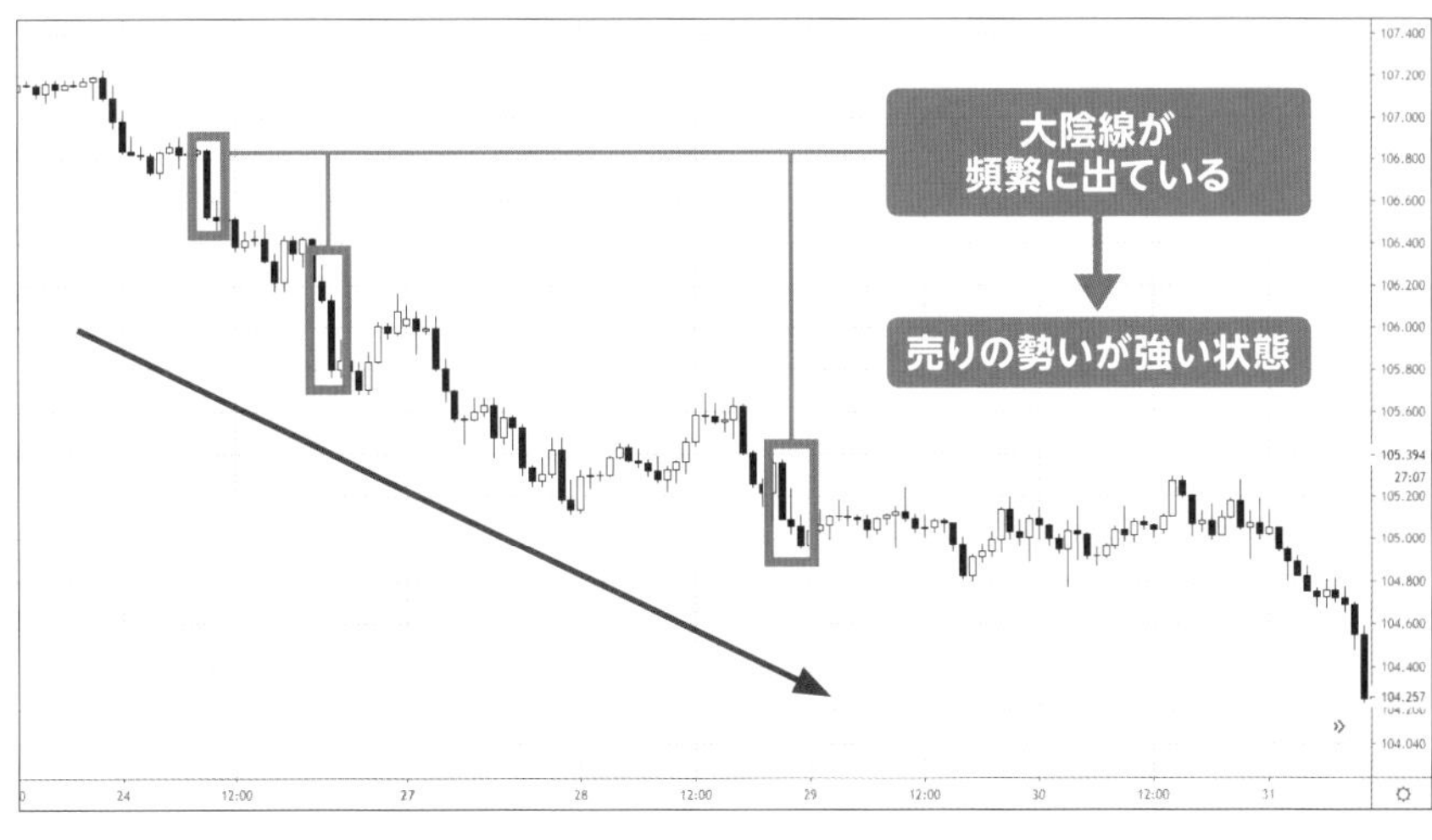

す。

一方、陰線は、始値よりも終値が低いローソク足のことです。陽線と逆の考え方をするため、陰線が出た場合は「買った人よりも、売った人の方が多かった＝売りの勢いが強い」と判断することができます。

陽線、陰線どちらも、始値と終値の距離が遠ければ、それぞれの方向でより強い勢いがあると判断できます。特に、直近の動きのなかで胴体（実体）の長い陽線（大陽線）や長い陰線（大陰線）が続いた場合、売り買いのバランスが大陽線・大陰線の出た方向に偏っている状態です。

ローソク足で予想する

慣れてきたら、過去のチャートの右側を隠して、ローソク足の形から次の動きを予想してください。当たらなくても大丈夫。最初から当たる人はいません。練習が大切です

チャート基本07

ローソク足のヒゲから相場の勢いを予想する

ローソク足のヒゲ

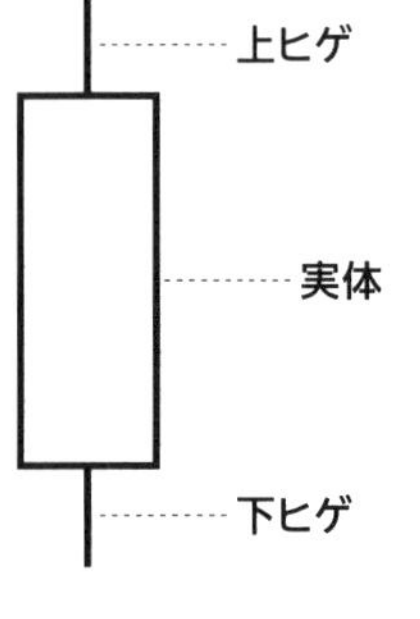

上ヒゲが伸びている
➡**売りの圧力が強い**

下ヒゲが伸びている
➡**買いの圧力が強い**

ヒゲを見ることで相場の方向がわかります

ヒゲの長いローソク足はトレーダーの迷いがわかる

ヒゲはローソク足のなかで、実体の上下にできる縦線のことです。ローソク足の胴体部分から、細い線が1本出る形になるため、ローソク足の文字通り、髭のイメージでこのような呼び方をされます。上方向に出ている場合は「上ヒゲ」、下方向に出ている場合は「下ヒゲ」と呼ばれます。

ローソク足にヒゲが出るということは、「短期的な反発」を意味しています。たとえば**大陽線で上ヒゲが出ている場合、基本的に買いの勢いが強いと判断でき**

長いヒゲが現れて反転した例

［ポンド円　日足　2018年6月〜2019年4月］

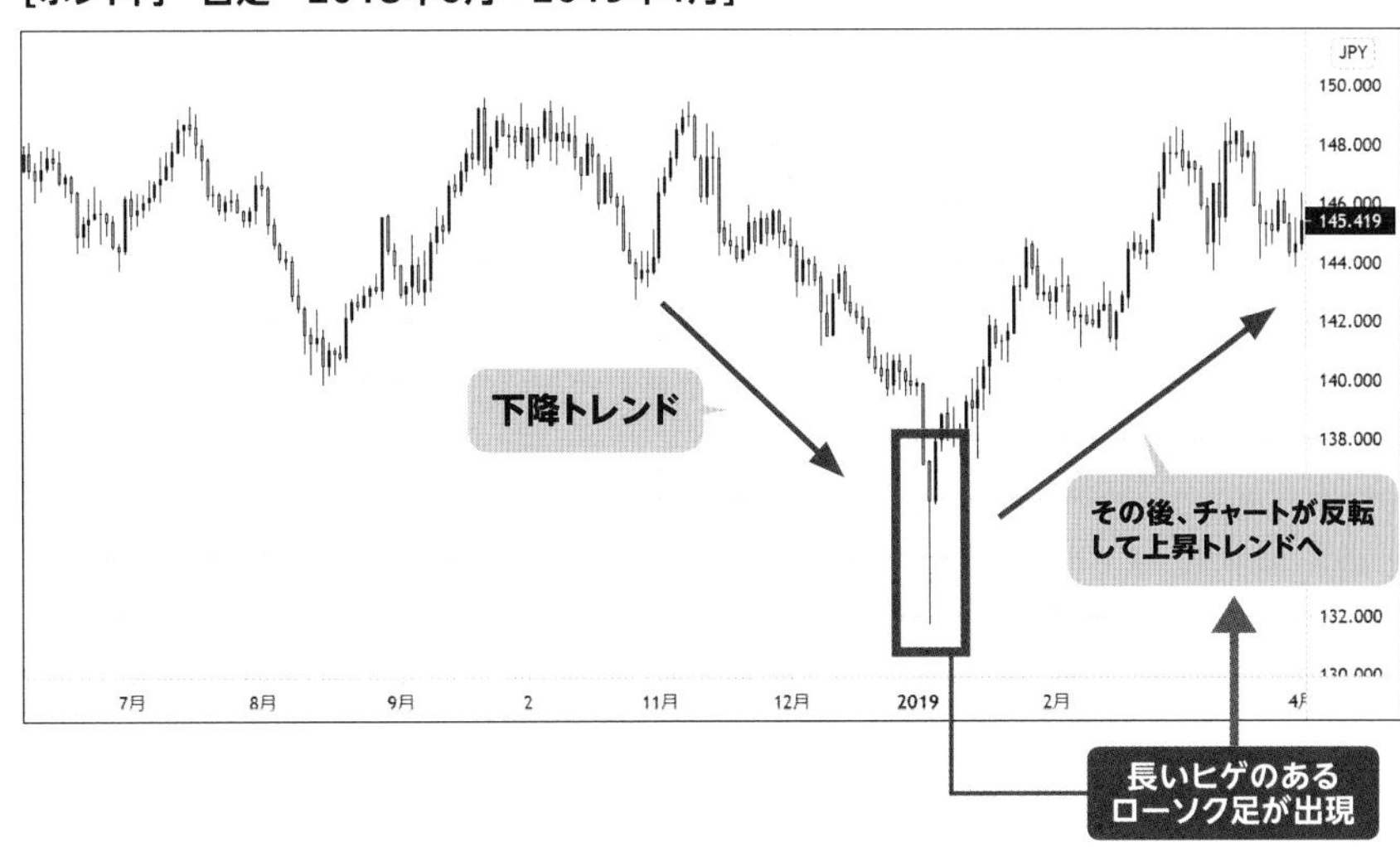

ます。ただ、上ヒゲが出ていたら、レートが一気に買われたあとに「上がりすぎ」と判断して、短期的な反発（売り）があったということを示します。

仮に、高値の値幅が同じで、ヒゲのない陽線と、上ヒゲのある陽線を比較した場合、どちらも高値までの幅は同じですが、上ヒゲのある陽線は一時的に大きく買われたあとに反発しているため、その後の動きで反転する可能性が比較的高いと判断できます。

そのため、ある程度レートが上下どちらかに勢いがある状態で、長いヒゲのあるローソク足が出ると、相場の反転をある程度想定することができるのです。

練習は成功の第一歩

天井や底でヒゲが出ると、反転のサインかもしれません。次の動きを頭の中で考えてみましょう。練習は成功の第一歩です

相場の流れが変わるローソク足のかたち

名称のつくローソク足の形状は大きく2つの特徴に分けて理解する

ローソク足は４つのレートで構成されているので、レートの動き次第で形状がさまざまに変化します。形状ごとに細かく名称が付けられていて、例えば大陽線であれば「相場が強気のサイン」というように、それぞれで意味が異なります。

ひとつひとつ名称と特徴を覚えていってもよいですが、そもそもの数が多いので少し面倒な部分があります。そのため、**大きく「継続」「反転」という2つの特徴に分けて理解するとよいでしょう。**

転換点になるローソク足

カラカサ

実体が短く、下に長いヒゲをつけたローソク足のこと

トンカチ

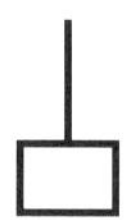

実体が短く、上に長いヒゲをつけたローソク足のこと

トウバ

下ヒゲがなく、上ヒゲがある逆T字の形状のローソク足のこと

トンボ

上ヒゲがなく、下ヒゲがあるT字の形状のローソク足のこと

カラカサでトレンド反転

［ポンド円　日足　2016年7月～9月］

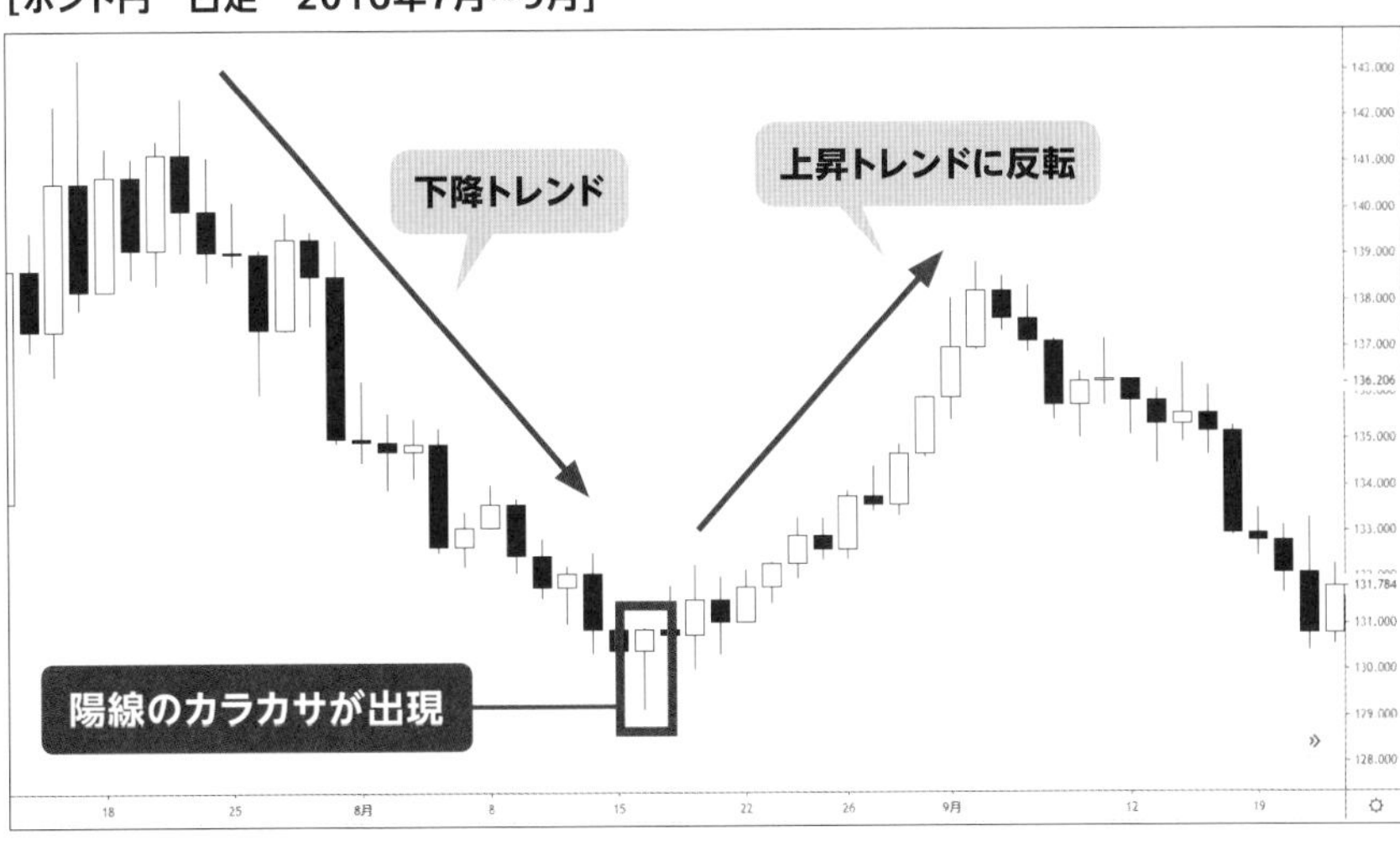

実体が短く、長いヒゲがついたローソク足は相場の反転を示す

先ほどの大陽線もそうですが、**基本的に実体部分が長く、ヒゲが短い（もしくはない）ローソク足は、陽線・陰線の出ている方向に対して、値動きの勢いが強いことを示します**。そのため、上昇・下降トレンドの継続が示唆されます。

逆に、胴体が短く、ヒゲが一方向に長いローソク足は、陽線・陰線の出ている方向と反対の勢いが強くなっているため、相場の反転を示しています。こうした反転を示すローソク足の形状としては、陰線・陽線に長いヒゲがつく「カラカサ」や「トンカチ」、始値と終値が同値でヒゲがつく「トウバ」や「トンボ」が挙げられます。

ローソク足ができる過程を辿ると意識される理由がわかりやすい

なぜ、こうしたローソク足の形状が反転のサインと

転換を示すローソク足

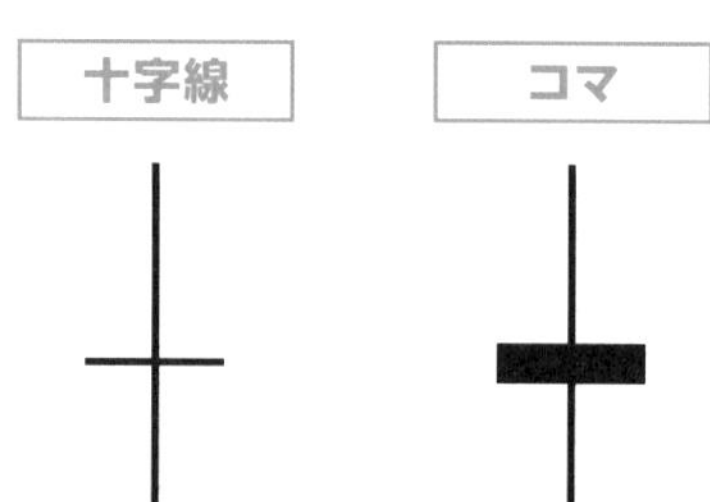

コマは実体が小さく上下にヒゲがあるローソク足のこと。相場の方向性が定まらないレンジ相場で現れやすい。実体がないものは十字線と呼ばれる

チャートはトレンドとレンジを繰り返すので、コマが続く場合は、その後、トレンドへ転換する可能性が高いといえます

して意識されるのかは、それぞれが形成される過程をたどり、ひとつの値動きとして考えるとわかりやすいです。

たとえば、下降の勢いが強い相場で、陽線のカラカサが出たとします。このときの動きを示すと、上図のようになります。

スタートから一時的に大きく売られた後に反転し、最終的には始値よりも上で終わっています。こうした足が出ることによって、「売りもそろそろ出尽くしたかな……」と判断され、心理的に買いが入りやすくなります。そのため、相場の流れが変わるサインとして認識されているのです。

基本的に**これらのローソク足は、大まかにレートの勢いがついた方向と反対方向に出た場合に、反転が意識されやすいと覚えておけばよいでしょう。**

より細かい部分でいえば、下降時に出たカラカサは実体部分が陽線のほうが、より反転を意識されやすいですし、同じ考えで、上昇時に出たトンカチは実体が陰線の方がより反転を意識されやすくなります。

レンジ相場　相場上で売りと買いが均衡となり、一定の値幅にて上下を繰り返している相場のこと。「ボックス相場」や「持ち合い相場」とも呼ばれる

コマが出現してトレンドが転換した例

[ポンド円　日足　2019年12月～2020年3月]

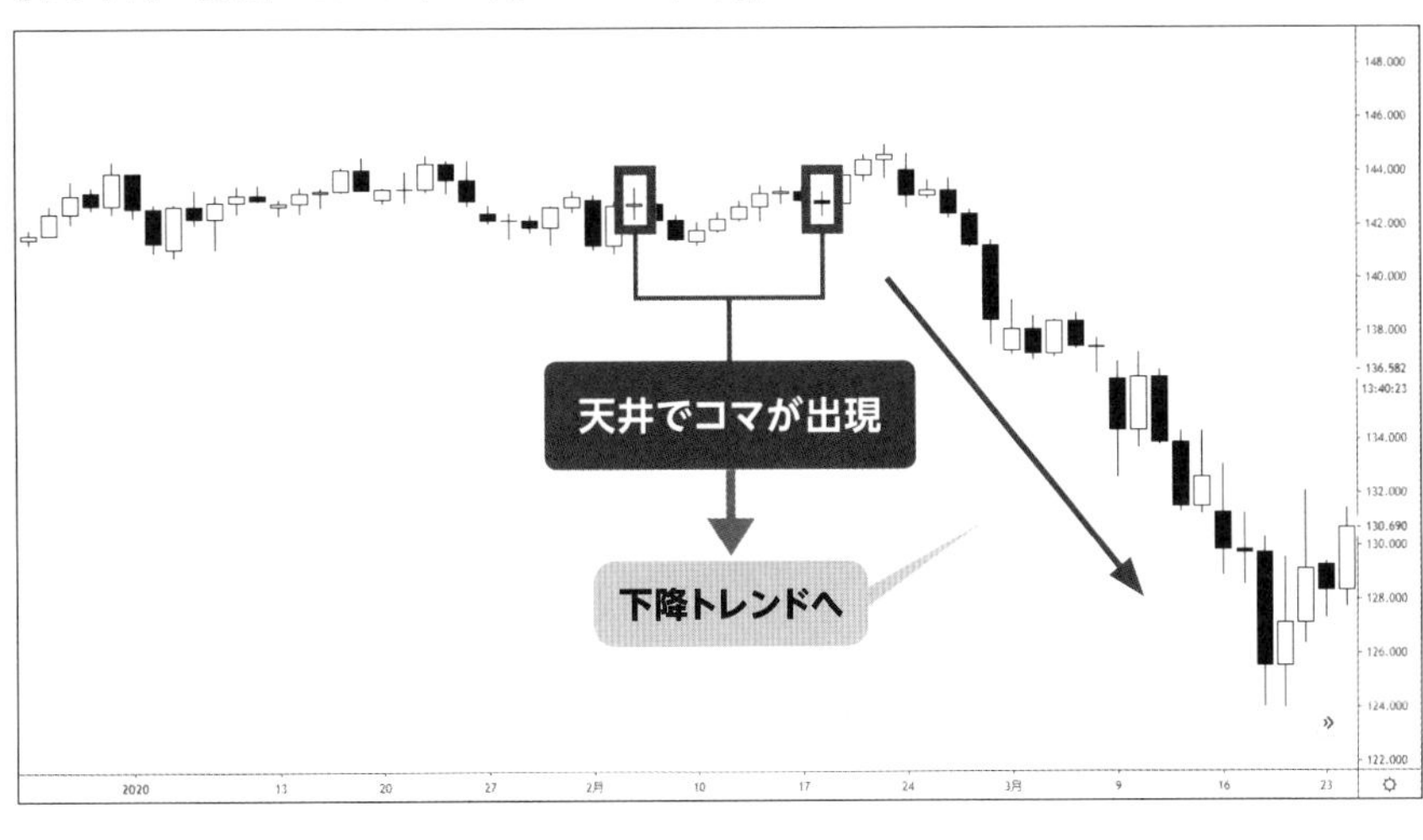

様子見を表すローソク足の形状も天井・底で出ると意味が少し変わる

また、「コマ」や「十字線」のように、ヒゲが上下どちらにも発生している場合は、相場に参加するトレーダーが「様子見」であることを示しています。特に、**十字線は始値と終値が同値であるため、レートがどちらにも動けない状態です。**

ただし、このローソク足が天井や底で出た場合は、続く動きで転換が意識されやすくなるので、注意しておきましょう。

ローソク足の形に注目

ローソク足には相場参加者の思惑が隠れています。どうしてこの形のローソク足になったのか、まずそこに注目し、自分なりの結論をつける練習をしましょう

09 相場の流れが変わるローソク足の組み合わせ

1本目が長く、2本目が短い組み合わせの「はらみ足」

　ローソク足は、実体の長さやヒゲに注目することで、1本でも相場に参加するトレーダーの動向を分析することができます。

　加えて、それよりも**長い視点で複数のローソク足を組み合わせると、より正確な分析を行うことができます**。とはいっても、組み合わせもその名称もいろいろと種類があるので、意識されやすい2つのパターンを紹介します。

　2本のローソク足の組み合わせにおいて、相場の天

4種類のはらみ足

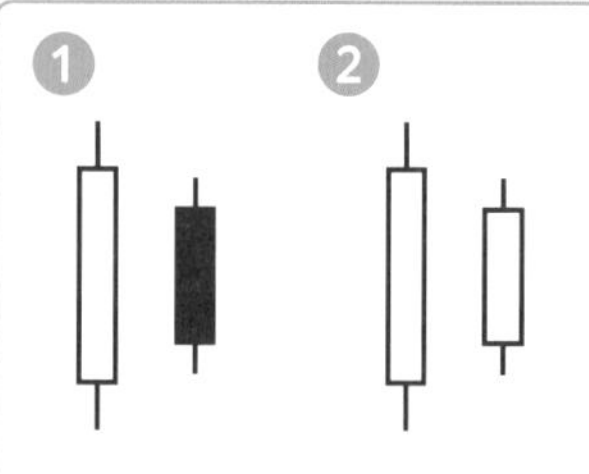

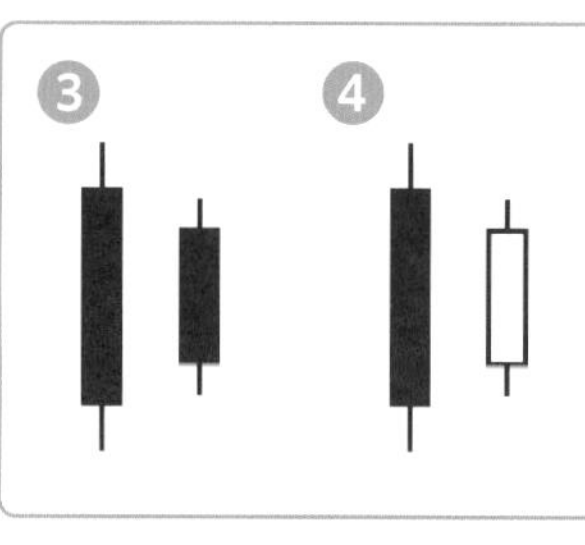

はらみ足の下位足の動き

[米ドル円　1時間足　2020年5月11日～12日]

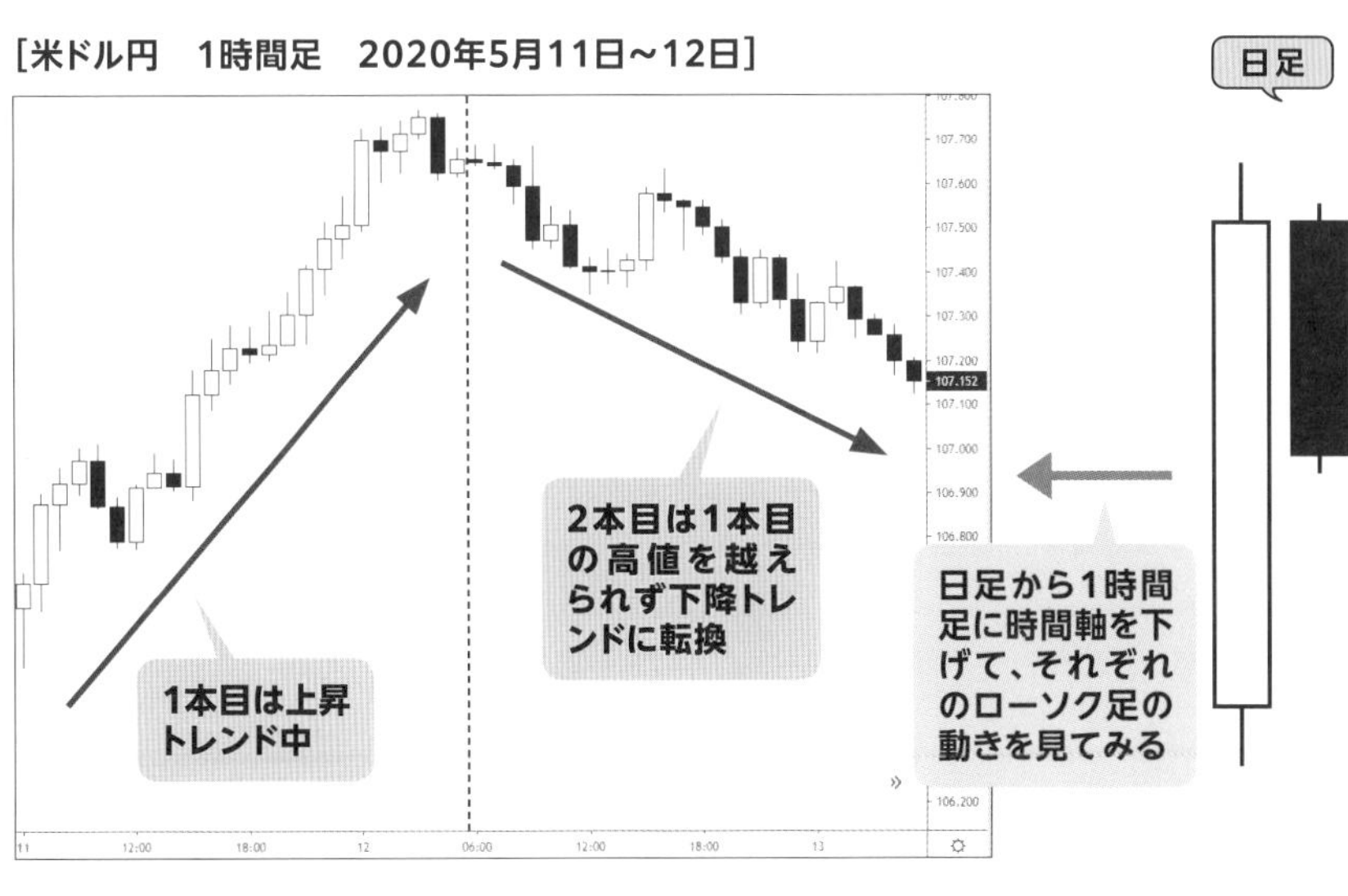

井や底で出現すると、転換が意識されやすいのが「はらみ足」です。考え方はシンプルで、2本のローソク足を見たときに、2本目のローソク足が1本目の高値と安値の間にすっぽりと収まっているローソク足の組み合わせです。

陰線と陽線の組み合わせで考えると、はらみ足は4つのパターンがあります（右図参照）。そのうち1本目が陽線のパターンは高値圏で、陰線のパターンは安値圏で出現すると、転換が意識されやすくなります。これも、レートの一連の動きとして見ると、その理由がわかりやすいです。

たとえば、上昇局面で1本目が陽線、2本目が陰線のはらみ足が出たとします。このはらみ足を一連の動きを表すと左図のようになります。

1本目は買いの勢いが強いことが見て取れますが、2本目が高値を更新できていないため、買いの勢いが1本目と比較して弱くなったことが判断できます。また、2本目が1本目の高値・安値の中に収まるということは、1本目に比べて買いと売りが拮抗しているこ

4種類の包み足

❶ ❷

2本目が陽線の包み足は安値圏で出ると転換が示唆される

❸ ❹

2本目が陰線の包み足は高値圏で出ると転換が示唆される

はらみ足は1本目、包み足は2本目の陰陽に注目すればいいんだね

とがわかります。

　こうした2つの情報から、**上昇局面ではらみ足が出ることによって、ある程度買いが出きったと判断できるため、次のローソク足で売りが意識されやすくなるのです。**これは下降局面ではらみ足が出た場合も、同様の判断を行います。

1本目が短く、2本目が長い組み合わせが包み足

「包み足（抱き線）」は、はらみ足と反対に、1本目のローソク足が2本目のローソク足の高値・安値のなかに収まる、2本のローソク足の組み合わせです。こちらも、相場の天井や底で出現すると、転換が強く意識されます。

　天井圏で包み足が出現した場合、2本目で高値を更新していますが、そこから強い売りが出て買いと売りが逆転したことを示唆しているので、続く動きで売りが出やすくなるのです。

　つまり、**上昇局面では1本目が陽線、2本目が陰線**

包み足の前後の値動き

[ユーロ円　4時間足　2020年8月～9月]

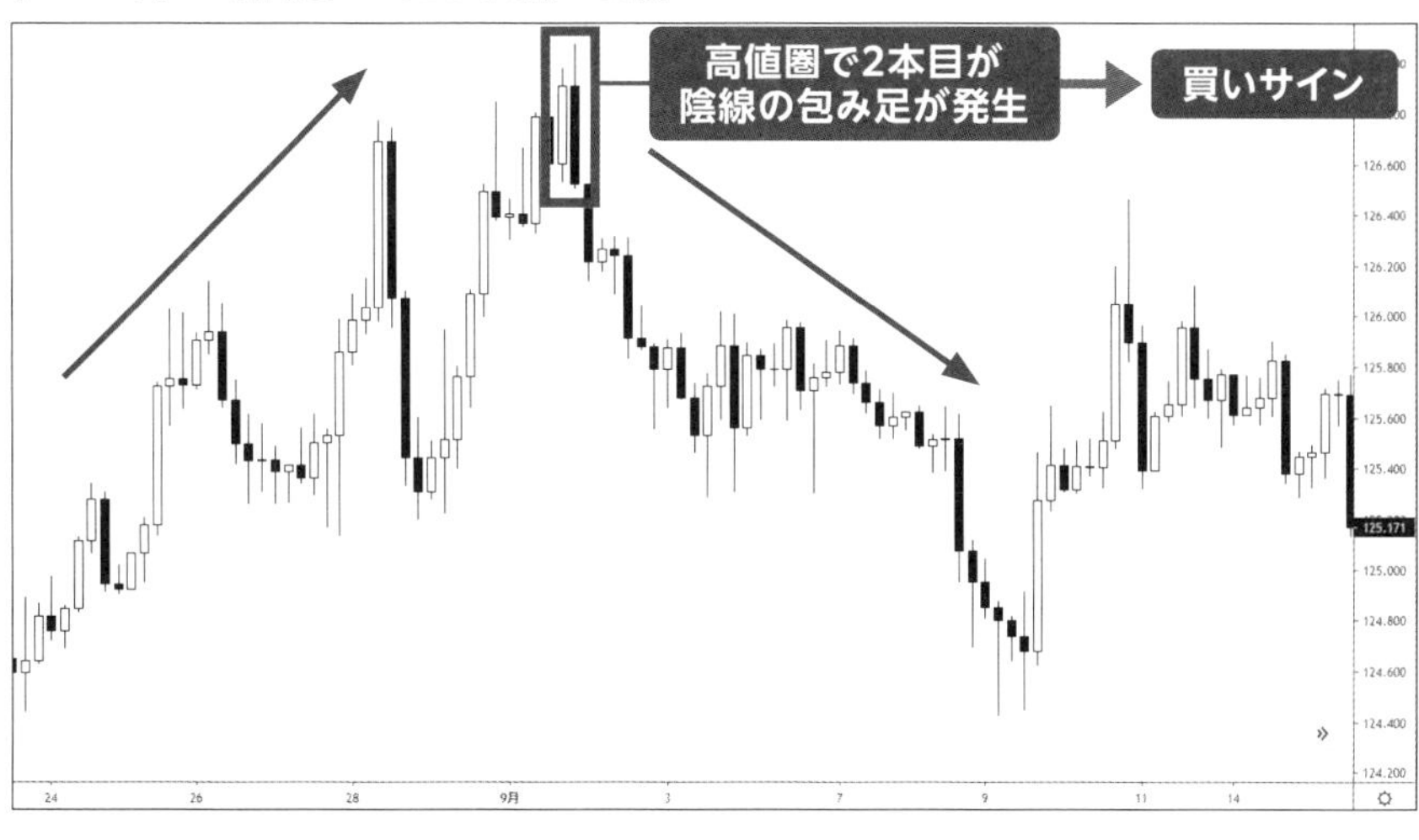

の包み足が出ると、相場の流れが変わりやすくなるので、注意しておく必要があります。下降局面ではその逆です。

はらみ足、包み足どちらにもいえることですが、これらの組み合わせが出現した時点で、必ずレートが反転するわけではありません。あくまで、それまで勢いがついていた方向に対して、反転する「予備動作」が現れたことを判断するのが、はらみ足、包み足の役割です。

そのため、次のローソク足がどのように反応するのかを、しっかりと確認しておく必要があります。

組み合わせを覚える

トレンドが転換するタイミングを見極める力は、自分のポジションの収益を確定するためには欠かせないものです。組み合わせを覚えて実践してみましょう

チャート基本10

トレードする時間軸は常に固定する

確認する時間軸

トレードする時間軸	分析する時間軸
1時間足	15分足
日足	1時間足
1カ月	日足
1年	週足

分析する際はトレードに使用する時間軸だけチェックするのではなく、必ず長期・短期の複数のチャートを確認する

トレードする時間軸と分析する時間軸を分けて考える

日足や1時間足、5分足など、チャート上に表示できる時間軸はさまざまです。どの時間軸を見るかを考える際に重要なのは、「トレードする時間軸」と「分析する時間軸」を分けるという点です。

デイトレードやスキャルピングなど、1日の中で売買が完結するトレードスタイルの場合でも、日足や週足などの大きな時間軸をチェックして、レートの方向性を確認することは多々あります。しかし、実際にトレードする場合、**デイトレードであれば15分足、スキャ**

トレードする時間軸は固定する

[ポンド米ドル　15分足　2020年10月1日～3日]

直近で一番低い安値に損切りを設定していた場合、時間軸を大きくするとさらに昔の安値も拾ってしまう
損切り幅を大きくしても大丈夫な気がしてしまう
損切りライン

ルピングであれば1分足というように、トレードする時間軸を固定したほうがよいでしょう。

というのも、トレードする時間軸が定まっていない場合、ポジションを損切りしない理由を、ほかの時間軸で探してしまうからです。

たとえば、15分足でエントリーしてからレートが逆行して含み損が出たとき、1時間足にチャートを切り替えると、損切りすべき節目は遠くなります。一時的に損切りをしなくて済むので心理的には楽ですが、その後もズルズルと注文を移動させてしまい、最終的に大損してしまうという失敗につながりがちです。

自分の時間軸

自分の得意の時間軸を見つける。これは生き残るために非常に大事なことです。他人の意見に迷わされず、自分が居心地がよいと思う時間軸を決めましょう

チャート基本 11

チャート分析の基本 上昇トレンドと下降トレンド

トレンドは上昇・下降どちらかにレートが偏っている状態

テクニカル分析を行う目的は、過去の推移から将来どちらの方向にレートが動くかを予想することです。その際に**最も注目すべきは「トレンドが出ているかどうか」という点です**。

トレンドは方向性とも訳され、日常生活のなかでもファッションの流行を表すときなどに、この言葉が使われますが、これは相場も同じです。レートが上昇もしくは下降どちらかに偏っている状態を「上昇トレンド」「下降トレンド」という使い方をします。

トレンドは長い時間軸のほうが重要度が高い

FXというのは、極端にいうと「上がるか下がるかを当てるゲーム」です。買いでエントリーした場合は、レートが上昇、売りでエントリーした場合は、レートが下降すればそれぞれ利益になります。

その点を踏まえると、トレンドが出て大勢が買っている相場では買い、大勢が売っている相場では売りでそれぞれエントリーしたほうが、相場の流れに沿った売買を行うことができます。つまり、**チャート分析を行う際にはトレンドが出ているかどうかを確認して、**

上昇トレンドのチャート

［ユーロ米ドル　4時間足　2020年6月〜8月］

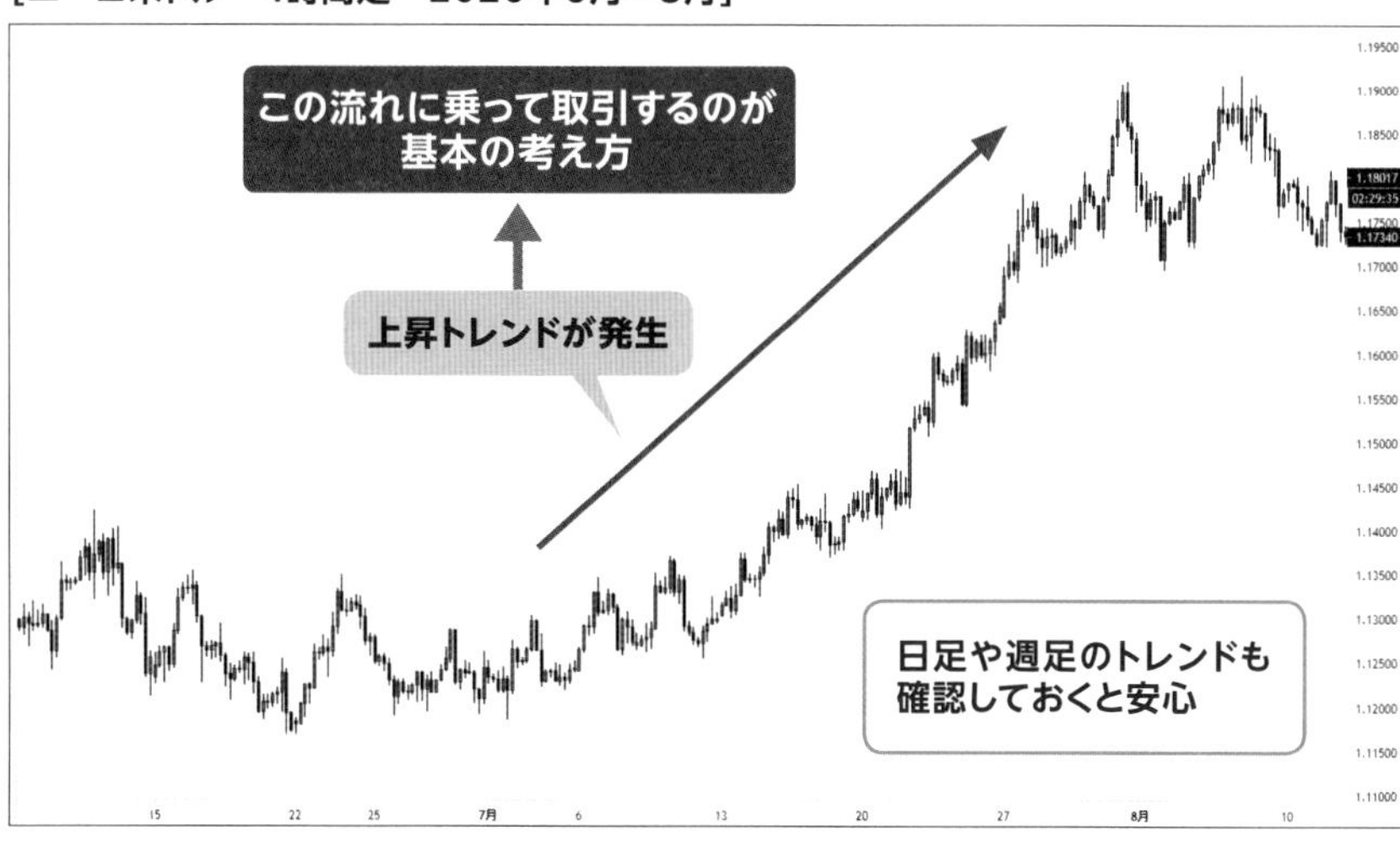

その方向に沿ってトレードをするというのが、基本的な考えとなります。

また、トレンドは時間軸によって重要度が変わります。長い時間軸になればなるほど、トレンドの重要度は増します。これは、長期のトレンドには短期のトレンドも反映されており、大きな流れをとらえられるからです。

そのため、短期のトレードを行う場合でも、日足や週足などの長い時間軸でのトレンドの有無を確認しておくと、大きな流れに逆らわないトレードを行うことができます。

参加者の総意が出る

トレンドには、マーケット参加者の総意が出ています。この通貨は上がる！　そういう気持ちが強いほど上昇します。それに乗らない手はないですね

チャート基本 12

一定の値幅で上下するレンジ相場

レンジ（横ばい）相場

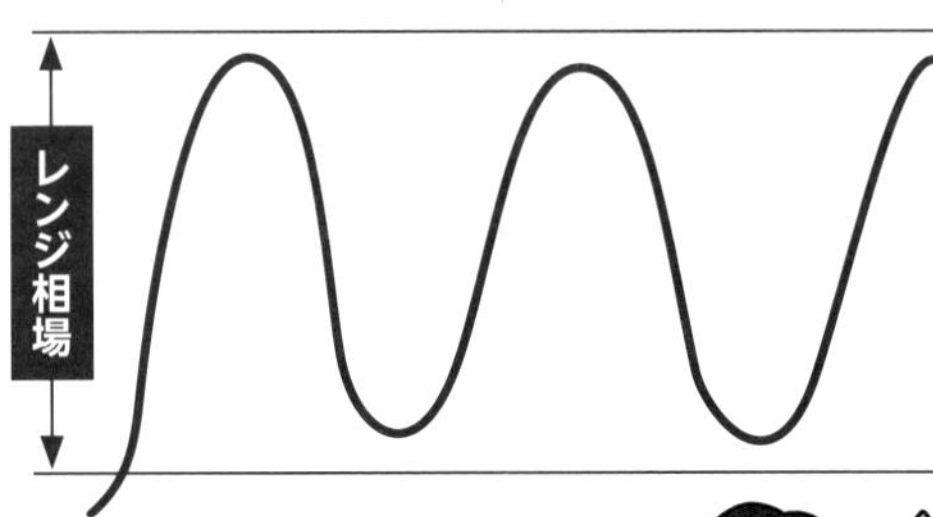

売買が均衡してくるとレンジ相場になる

「レンジ」もトレンドと同様に、まずチェックしておくべき要素です。レンジは売り買いが均衡して、一定の値幅で上下している状態のことです。

相場は基本的にトレンドとレンジを繰り返していきます。トレンドとは、売買のバランスが上下どちらかに偏った状態ですが、これが続いていくと、どこかで「さすがに買われ（売られ）過ぎているな……」と考える市場参加者が出てきます。

そうなると、例えば上昇トレンドの場合は売りが出

レンジからトレンドへの転換

［ポンド円　4時間足　2020年11月18日～12月16日］

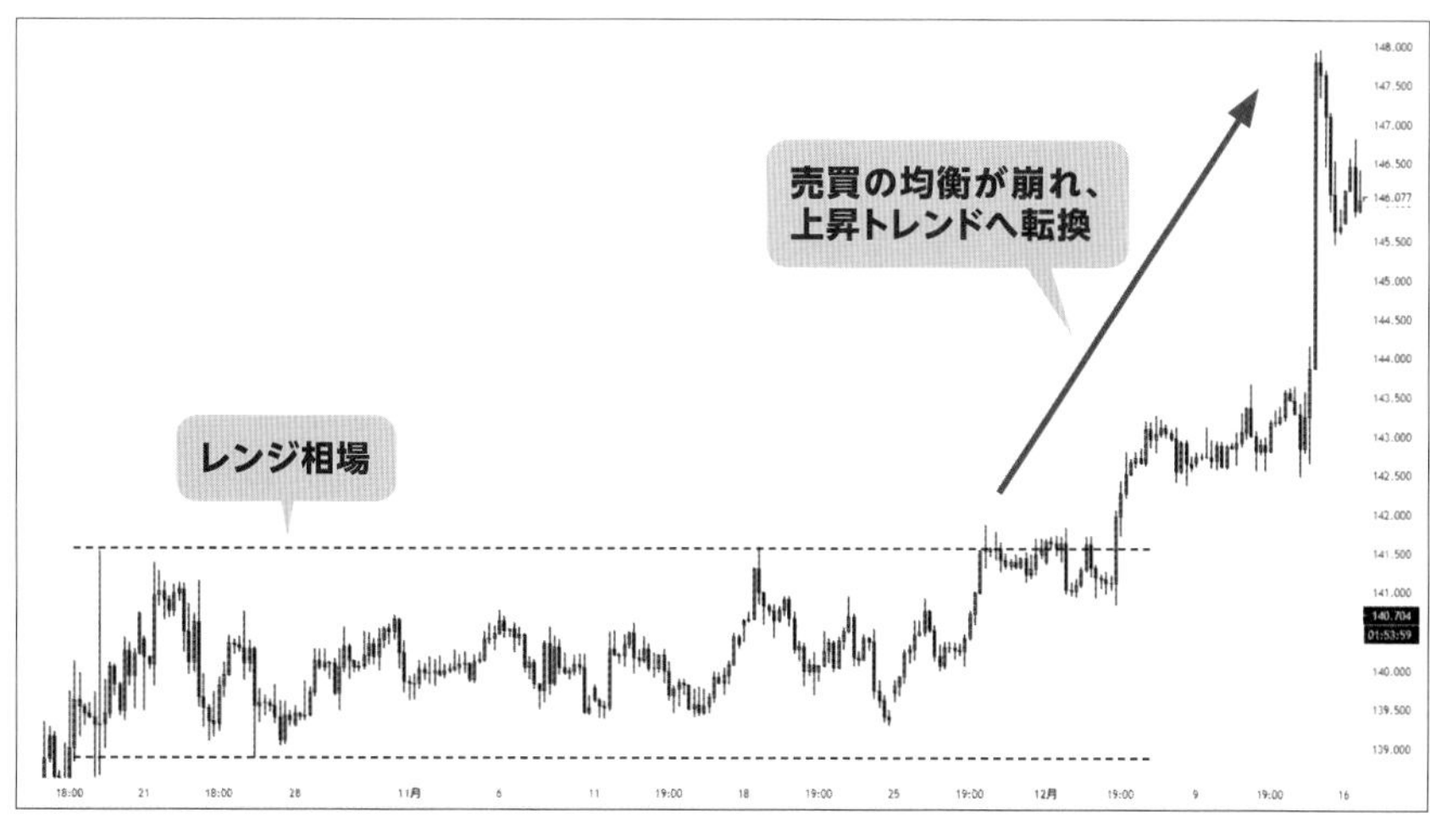

てくるため、更なる上昇を狙って買うトレーダーと、そろそろ下がると考えて売るトレーダーの売買が徐々に均衡していきます。この市場参加者の動向が「レンジ」となって現れるのです。

逆に、レンジもしばらく続くと、売買の均衡が徐々にどちらかの方向に傾いてきます。そうすると今度はレンジが崩れてトレンドへと変化していきます。

つまり、レンジ、トレンドどちらにも必ず終わりがあるということです。どのような手法で分析を行う場合でも、現在のレートがどちらの状態であるかを見極めることが重要です。

頭の切り替えを早く

上がるだけ、下がるだけの相場はありません。必ずどこかで止まります。止まったときにはレンジになりやすいので、頭の切り替え、早めにしてくださいね！

トレンドに乗る順張りとレンジで効果的な逆張り

トレード手法は突き詰めると順張り・逆張りのどちらかしかない

テクニカル分析は、チャートから得られる情報をもとにしてトレードの根拠とします。そのため、使用するテクニカル指標やチャートの種類によって、今後レートが上がるか、下がるかを判断する視点は異なり、手法もさまざまな種類があります。

しかし、**どのような手法であっても、基本的には「レートの進行方向に沿って売買する」「レートの進行方向と反対に売買する」このどちらかから派生したものです。**つまり、テクニカルを根拠としてトレードを

順張りと逆張り

トレンドの流れに沿うことを「順張り」といい、トレンドの流れに逆らうことを「逆張り」という

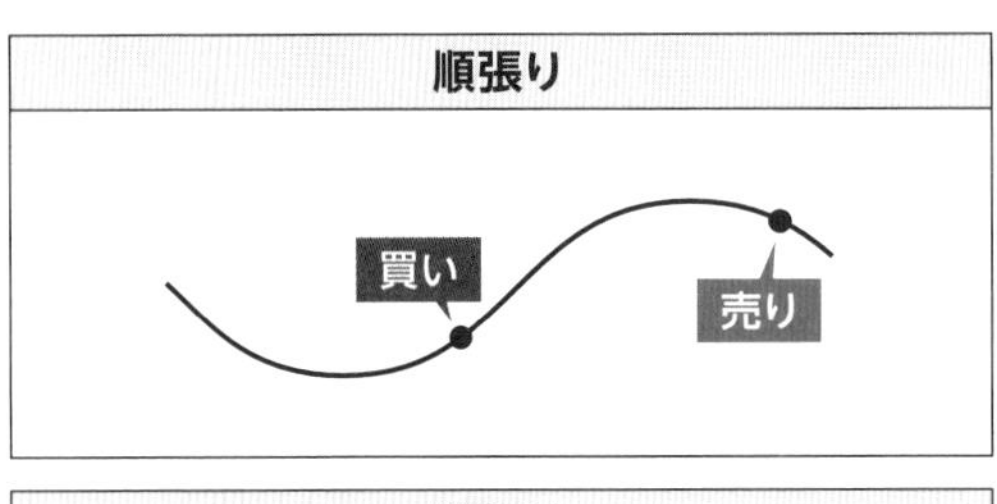

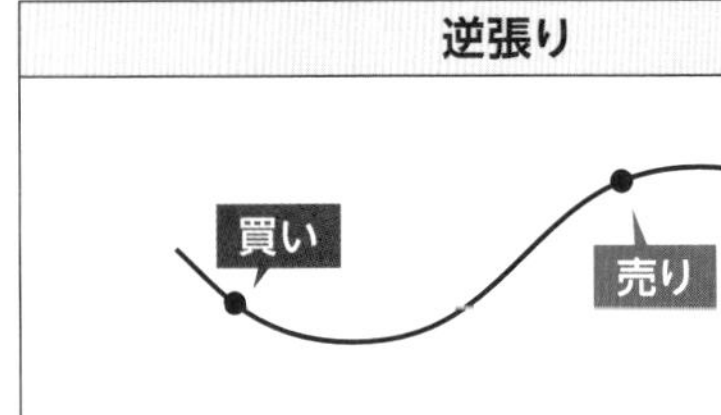

トレンド相場での順張り

[ポンド米ドル　15分足　2020年9月25日～29日]

行う場合は、まず自分がどちらの目線でトレードをするのかをはっきりさせておく必要があります。

流れに沿って売買する順張りは相場の基本の手法

まず、「トレンドと同じ方向に売買する」トレードは「順張り」といういい方をされています。文字通り、上昇トレンドが出ている場合は買い、下降トレンドが出ている場合は売るというトレードです。トレンドは一度発生すると、明確な終わりが意識されるまでは継続されるため、順張りはまさに流れに乗るトレードといえますし、相場において最も基本的なスタイルです。

順張りのメリットとしては、多少甘いポイントでエントリーしてしまっても、トレンドが発生していれば助けられることがあるという点です。エントリーポイントを精査しなくてよいというわけではありませんが、トレンドに乗ることができれば利益につながりやすくなります。

そのため、トレンド系のテクニカル指標（124ペー

トレンド相場での逆張り

［ポンド円　1時間足　2020年9月2日～8日］

ジ参照）やトレンドラインなどで、トレンドを視覚化すると、順張りエントリーを行いやすくなります。

なお、相場では常にトレンドが発生しているわけではないので、売買する機会が限られてくるというデメリットもあります。

相場の流れと反対方向にエントリーするのが逆張り

順張りとは反対に、「レートの進行方向の反対に売買する」トレードは「逆張り」と呼ばれます。レートが上昇すると「そろそろ上げすぎているから、落ちてくるかな……」と考えて売りを狙うのが逆張りトレードです。一般的に日本人は逆張り好きとして知られています。

逆張りは順張りよりもエントリーするチャンスは多いですが、トレンドが発生している相場で逆張りすると、頻繁に損切りが発生してしまいます。ですから、トレンド相場で逆張りエントリーするのはあまりオススメできません。

トレンドライン｜トレンドである相場の流れを規定している支持線や抵抗線のこと。支持線・抵抗線が上向きだと上昇トレンド、下向きだと下降トレンドになる

レンジ相場での逆張り

[ポンド円　4時間足　2019年12月～2020年2月]

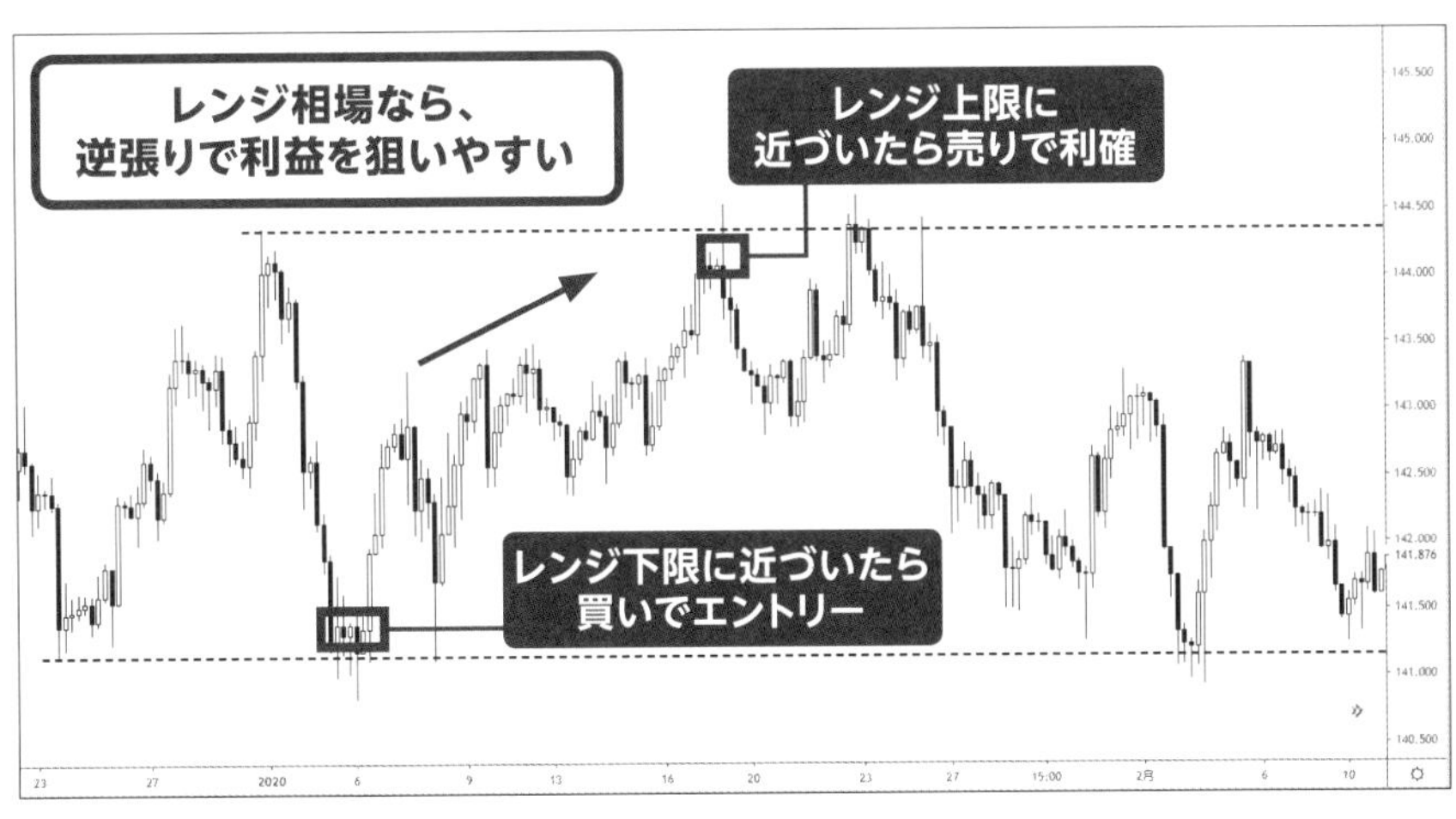

逆張りはレンジ相場で機能しやすい

一方、レンジ相場であれば、レートの上限・下限がある程度想定できます。そのため、レンジの上限・下限にレートが到達しそうな（あるいは反転を確認できた）タイミングでエントリーするという戦略が立てやすいですし、損切り注文も上限・下限から少し離れた場所に置いておけば、損失を限定させつつ、利益を狙うことができます。

トレンドは味方

「トレンドは、あなたの味方」という相場の格言がありますが、日本人はトレンドに逆らう癖があるようです。相場の流れを決めるのは、あなたではありません

チャンスを増やす押し目買い・戻り売り

調整したタイミングを狙うのが押し目買い・戻り売り

順張りトレードを行う際に、高値（安値）掴みを避けつつ、より多くの利益を狙うためのエントリーの考え方として、「押し目買い」「戻り売り」という方法があります。

順張りはトレンドの出ている方向に対してエントリーするものですが、トレンド相場というのは、レートが常にトレンド方向に動いているわけではありません。上方向にしばらく買われたあと、調整が入って少し下げ、再度上昇というように、細かく上下に動きつつ、徐々にトレンド方向に動いていくのです。

「押し目買い」「戻り売り」は、トレンドが一度調整してから、再度トレンド方向に「押す」あるいは「戻る」タイミングを見極めてエントリーする方法なのです。

どこで損切りするのかを明確にして大きな損失を避ける

押し目や戻りは、トレンドという大きな波の中で、一度レートが調整したタイミングであるため、そこでエントリーできれば、高い（安い）ところで売買するよりも有利なエントリーができます。

また、押し目や戻りはチャートの形状からもわかり

高値掴み　相場の高いところで買い、その後、値下がりしている状態のこと。安値掴みはその逆

押し目でエントリーするメリット

［米ドル円　日足　2018年3月〜1月］

やすく、エントリーの目印としやすいですし、その意味で、**多くのトレーダーに意識されることで、トレンド方向に再度動いた際に、レートが伸びやすいのもメリットです。**

ただ、明確な基準を持たずに押し目や戻りでエントリーしてしまうと、どこで損切りすればよいのかという判断がしづらいため、大きな損失を抱える危険性もあります。そのため、損切りをどこに置くかというのも、エントリー時にしっかりと決めておく必要があります（180ページ参照）。

損切りは必ず入れる

FXで生き残るためには、エントリーするときに必ず損切りを入れる癖をつけましょう。運任せのお祈り手法では、生き残ることはできません

COLUMN4

3つの取引スタイルとメリットとデメリット

◯ 自分に合ったトレードスタイルを選択しよう

FXの取引スタイルには大きく分けて３つの方法があります。スキャルピング、デイトレード、スイングトレードです。それぞれのメリット、デメリットについて紹介します。

スキャルピングとは、短時間で小さな利益を積み上げていく超短期売買のことです。また、スキャルピングで狙う利益は小さいですが、その分トレードチャンスが多い点、レバレッジを高くしてもリスク管理がしやすい点がメリットです。反面、取引回数が多いので、スプレッドによる取引コストがかさむことがデメリットになります。

次にデイトレードとは、1日以内にトレードを終了する方法のことです。スキャルピングより長い時間保有するため、日中ずっと画面に向き合っていなくてもトレードができます。デメリットは、１日で決済をするため、長期的にみると相場が上昇し利益になっていても、その日１日のレート変化がマイナスであれば、利益を得られないことが挙げられます。

３つ目のスイングトレードとは、数日以上ポジションを保有するトレード方法のことです。数日から数週間、長い場合は数カ月ポジションを保有するため、決まった時間にトレードできない人、時間の融通が利かない人にも人気です。一方で、短時間で起こる相場の変動に対応できなかった場合、ロスカットされてしまう可能性があります。レバレッジを低くしたり、証拠金維持率に余裕を持たせたりすることで回避しましょう。

ずっと同じトレードスタイルを続けるトレーダー、状況に応じて使い分けるトレーダーなど、手法はさまざまです。自分に合う取引スタイルを見つけましょう。

5章

FXチャートを読み解く

応用編

チャートにはいくつものパターンがあり、そこから次の値動きを予測することができます。特に有名な5つのパターンを紹介します。

トレンドの転換を示す明けの明星・宵の明星

反転を示す明けの明星

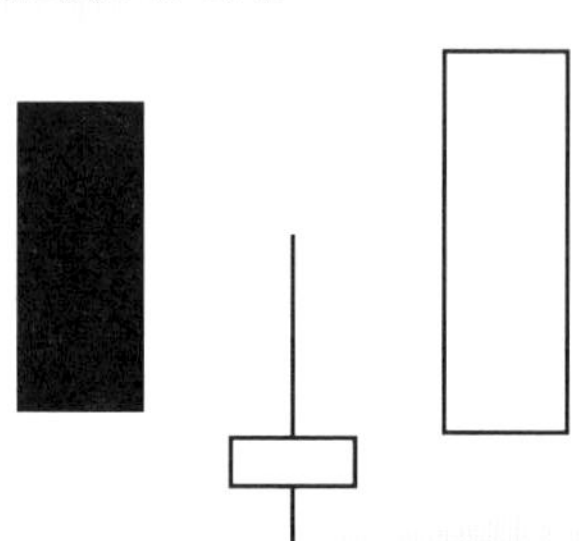

3つのローソク足でできる相場の反転のパターン

はらみ足や包み足は2本のローソク足の組み合わせて、相場の天井や底で出る特徴的な形を分析する方法です。これと同じ考えでローソク足を3本を組み合わせて、ひとつの特徴的な形として見るパターンもあります。特に相場の反転の目安となるのが「明けの明星」「宵の明星」です。前者は相場の下降時に出ると、反転して上昇のサイン、後者は相場の上昇時に出ると反転して下降のサインとなります。

それぞれ形状としては図の通りで、明けの明星は1

窓 連続するローソク足のレートが飛んで、間が空いている状態。窓ができることを窓が開くという

明けの明星前後の値動き

[米ドル円　15分足　2020年9月23日～24日]

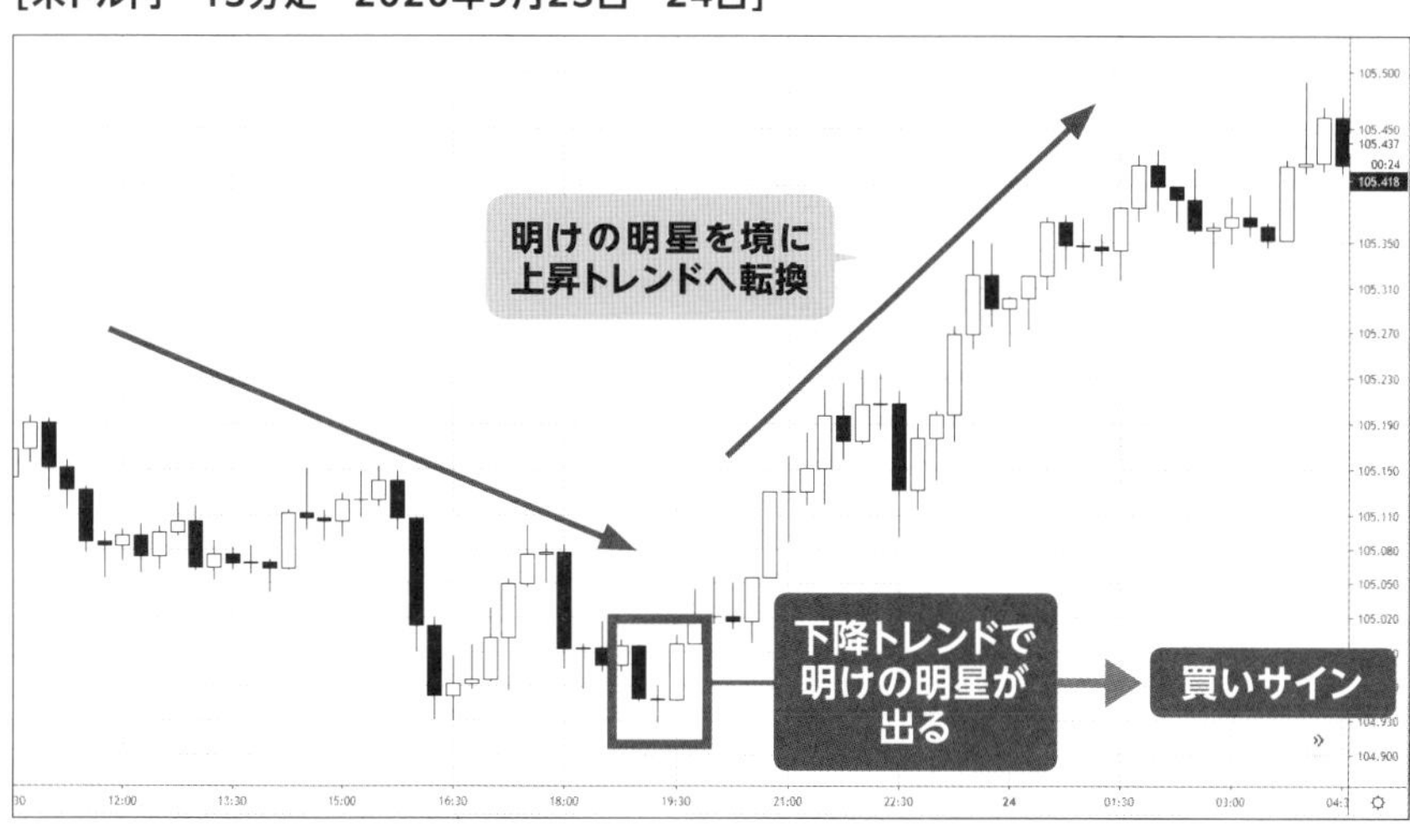

本目が大陰線、2本目が窓を開けてできた短いローソク足、3本目が大陽線という3本の組み合わせです。宵の明星はこれを反転します。

それぞれ、**1本目はトレンド方向に強い勢いがありますが、2本目で方向感がなくなり、3本目で反転が強く意識されるため、転換のサインとなるのです。**

注意点としては、明けの明星、宵の明星どちらも、もともとは株の世界で生まれたテクニカルであるため、2本目や3本目のローソク足は窓開けが前提となっています。ただ、FXでは頻繁に窓が開かないので、省略して考えると使いやすくなります。

過去の値動きも調べる

明けの明星は底打ちサイン。宵の明星は天井サイン。もしこのパターンを見つけたら、過去にそれが出現したときのその後の値動きを調べ、参考にしてください

相場の天井や底を示す三尊・逆三尊

天井を示す三尊

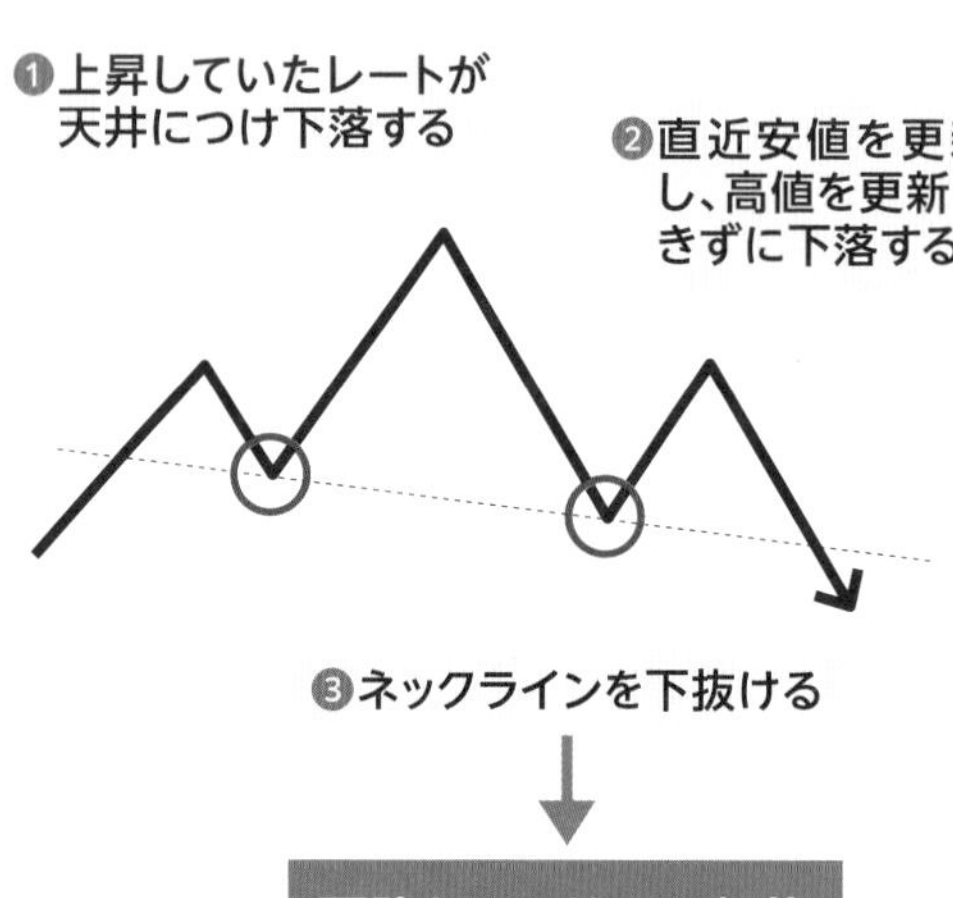

相場の天井や底で出現すると反転が意識される

複数のローソク足の組み合わせを「チャートパターン」と呼び、その代表的な形状のひとつが「三尊」「逆三尊」です。「ヘッド&ショルダー・トップ」「ヘッド&ショルダー・ボトム」とも呼ばれています。

三尊は3つの山からできるパターンで、相場の天井や底で完成すると、トレンドの転換が意識されます。三尊の場合、見方としては2つ目の山が完成した時点で、この山の頂上である高値をレートが超えるかどうかに注目します。超えた場合は上昇トレンドが継続す

三尊の前後の値動き

[米ドル円 1時間足 2020年8月12日～29日]

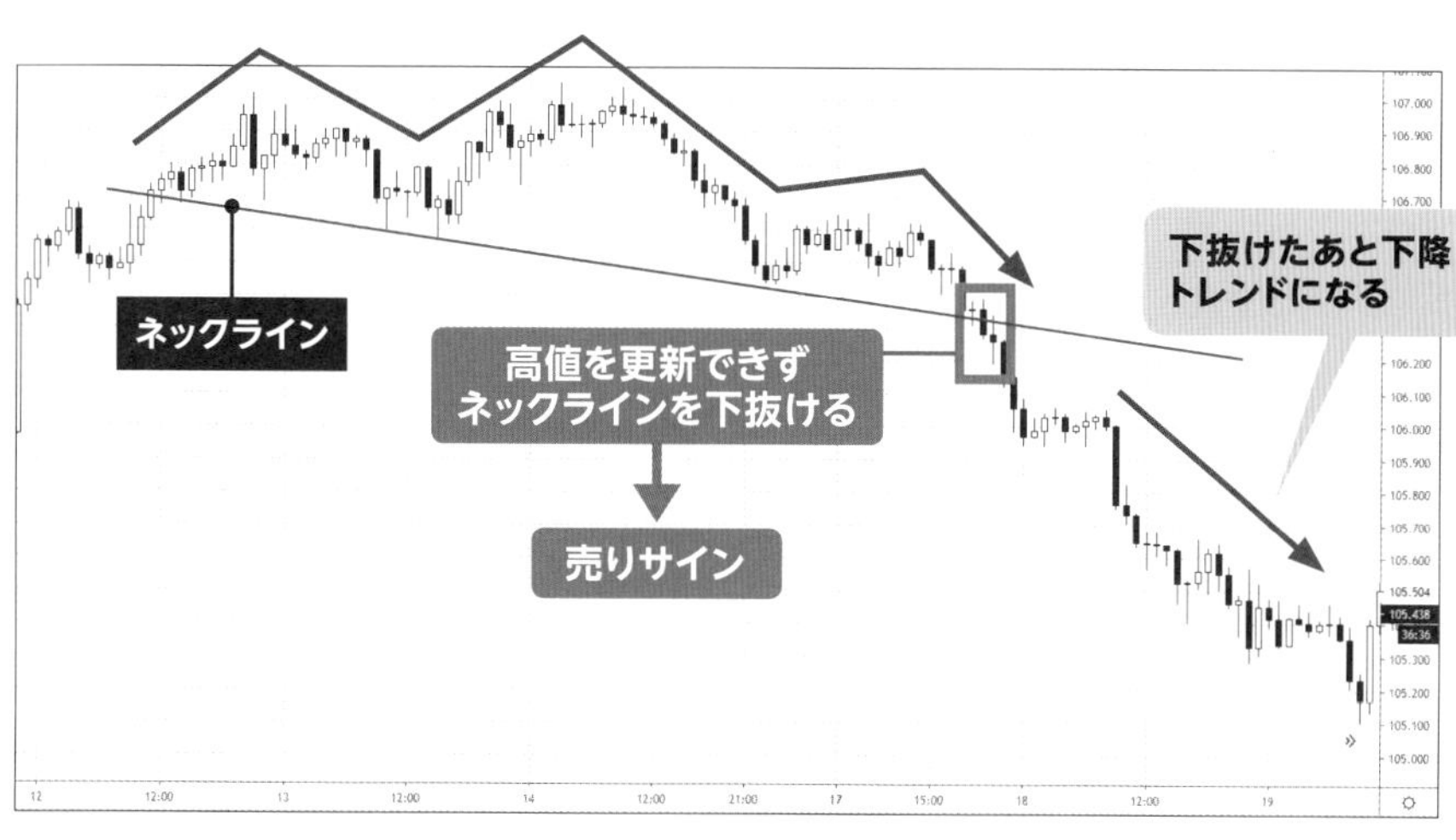

る可能性は高いですが、上昇の勢いが弱く2つ目の高値を超えずに3つ目の山をつくりそうな場合は、三尊の形成に注目しましょう。

3つ目の山をつくったあと、**レートが1つ目と2つ目の安値を結んだネックラインを下抜けると三尊が完成します**。このタイミングで売りエントリーするのが、三尊を使ったトレードのセオリーです。

逆三尊は、三尊を反転させた形です。考え方も同様に、3つの谷の完成後、2つの高値を結んだネックラインをレートが上抜けたポイントで、買いエントリーします。

注目度が高いサイン

ネックラインの引き方には注意が必要ですが、そこを抜けると値が飛び、収益につながりやすいので、市場参加者の注目が高い絶好のチャンスでもあります

チャート応用 03

相場の転換を示すダブルトップとダブルボトム

天井を示すダブルトップ

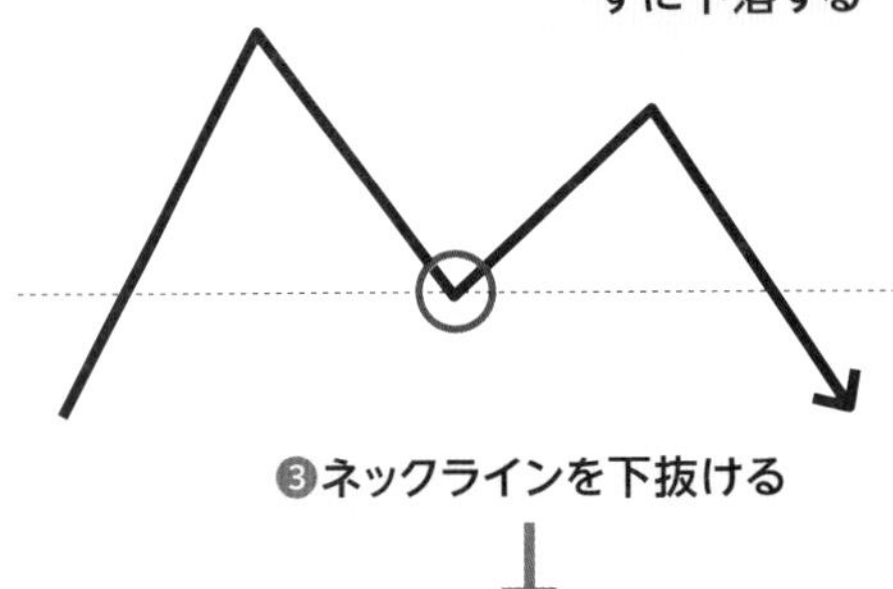

↓

下降トレンドへの転換

2つの山や谷の形状は相場で反転が意識される

「ダブルトップ」「ダブルボトム」はシンプルな形状で、相場の転換を示すチャートパターンです。ダブルトップの場合は2つの山、ダブルボトムは2つの谷の形状となります。

ダブルトップの見方としては、ひとつ目の山ができた後に、この山の頂上（高値）付近でレートが反転するかどうかに注目します。そのままレートが上昇していく場合はトレンド継続と判断します。一方で高値付近で反転した場合は、市場参加者の間で「そろそろ天

ダブルトップの前後の値動き

［米ドル円　15分足　2020年8月27日～31日］

井かも……」と意識されるため、ひとつ目の山で利確し損ねた買い手の売り注文や、逆張りを狙った売り手が新規注文が入りやすいポイントなのです。

ただ、単なる押し目の可能性もあるので、**ダブルトップの完成は「ネックラインを下抜けたかどうか」で判断します**。ダブルボトムはダブルトップを反転させた形状なので、ネックラインの上抜けで完成です。

ダブルトップ・ダブルボトムは相場でも比較的出現しやすいチャートパターンです。市場参加者の間でも広く知られているパターンであるため、必ず注目しておく必要があります。

損切りが設定しやすい

私の大好きなパターンのひとつです。損切りの置き場所が設定しやすいという意味でも、相場の反転を狙いにいくときに積極的に使っています

04 トレンド継続のサイン トライアングル

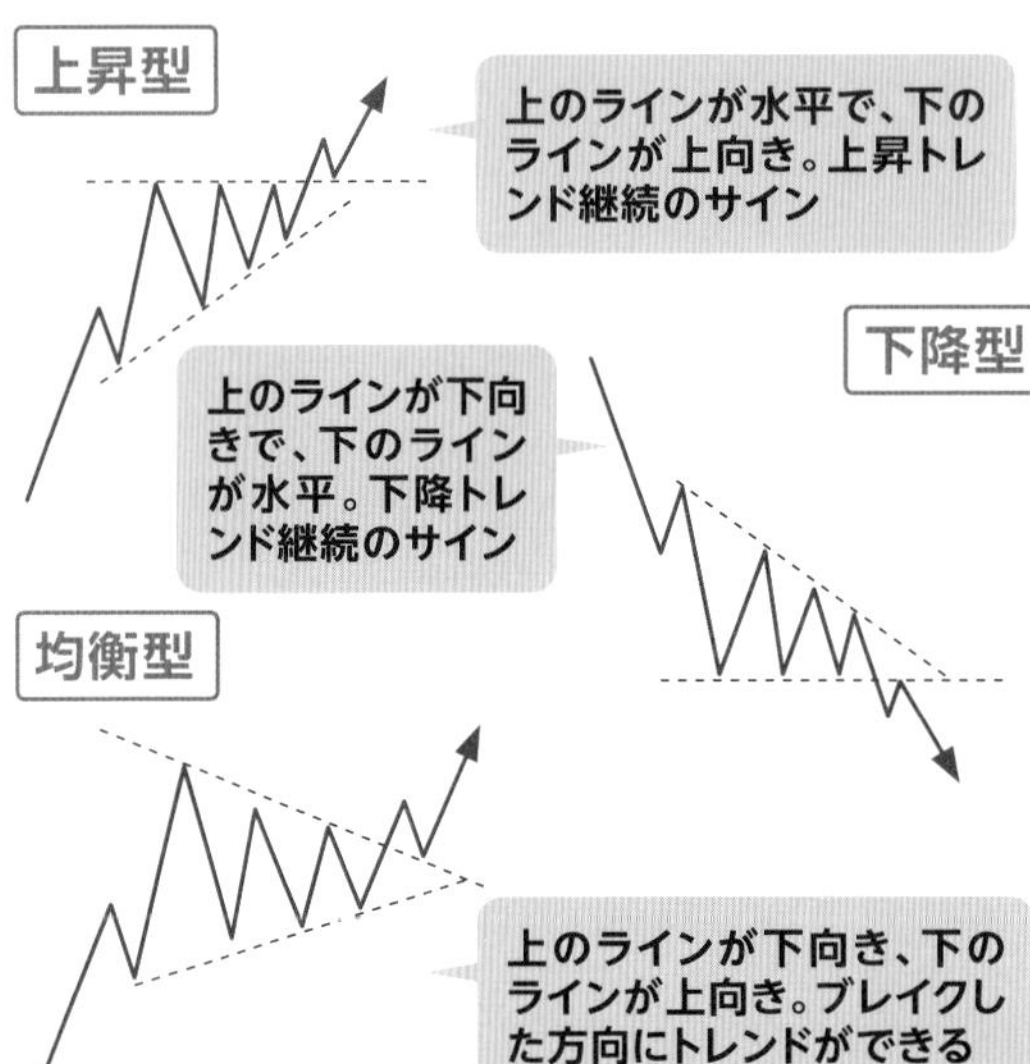

トレンド中はブレイクした方向にレートが伸びることが多い

トレンド途中に出るチャートパターンとして代表的なのが「トライアングル」です。「三角保ち合い」とも呼ばれ、押し目や戻りを狙ったトレードに活用しやすいパターンです。

トライアングルには「上昇型」「下降型」「均衡型」の3種類あります。

上昇型は三角形の上のラインが水平、下のラインが斜め上になるパターンです。最初の高値を目安として、ここを上抜けると考えて買うトレーダーと、反転する

上昇型トライアングルの前後の値動き

［ポンド米ドル　15分足　2020年8月4日～6日］

と考えて売るトレーダーの売買が均衡しますが、安値が切り上げることで買いが徐々に優勢になっていきます。高値をブレイクすることが上昇するきっかけです。

下降型は上昇型と反対に、徐々に高値が切り下がっていくことで売りが優勢になっていき、最初の安値をブレイクしたポイントが売りのサインとなります。

均衡型は、高値の切り下げと安値の切り上げ両方が起こり、買いと売りが均衡している状態です。トレンド途中に出現し、**トレンド方向にブレイクした場合は継続を示しますが、反対方向にブレイクした場合はトレンド終了のサインとなるので、注意が必要です。**

抜ける瞬間に注目

典型的な保ち合い相場で出現するパターンです。相場はここで力を貯めるだけ貯めて、最後は上下どちらかに大きく抜けるので、その瞬間を逃さないように！

チャート応用05

トレンド途中に出る保ち合い チャネルダウン

チャネルダウンとチャネルアップ

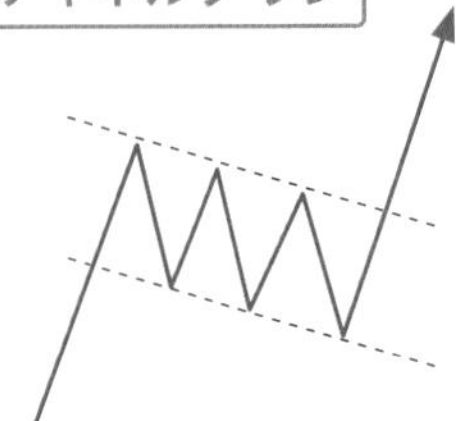

上昇トレンド中に発生し、抵抗線上抜けでトレンド継続のサイン

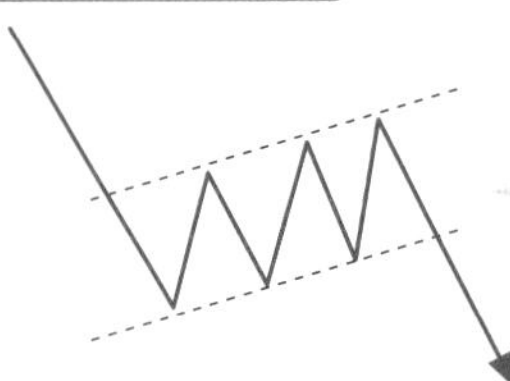

下降トレンド中に発生し、支持線下抜けでトレンド継続のサイン

抵抗線のブレイクでトレンド継続のサインとなる

トレンド途中に出る保ち合いのパターンとしては「チャネルダウン」「チャネルアップ」も有名です。「フラッグ」と呼ばれ、特徴は保ち合いの形状が2本の平行な支持線と抵抗線でできている点です。

チャネルダウンは、上昇トレンド中に完成して抵抗線をブレイクするとトレンド継続を示すため、買いのサインとなります。チャネルアップは反対に下降トレンドの継続を示します。

いずれも、一方的なレートの上昇・下降が起こった

支持線と抵抗線　チャートの安値を結んだ線を支持線といい、チャートの高値を結んだ線を抵抗線という

チャネルダウンの前後の値動き

[米ドル円 4時間足 2019年8月21日～9月12日]

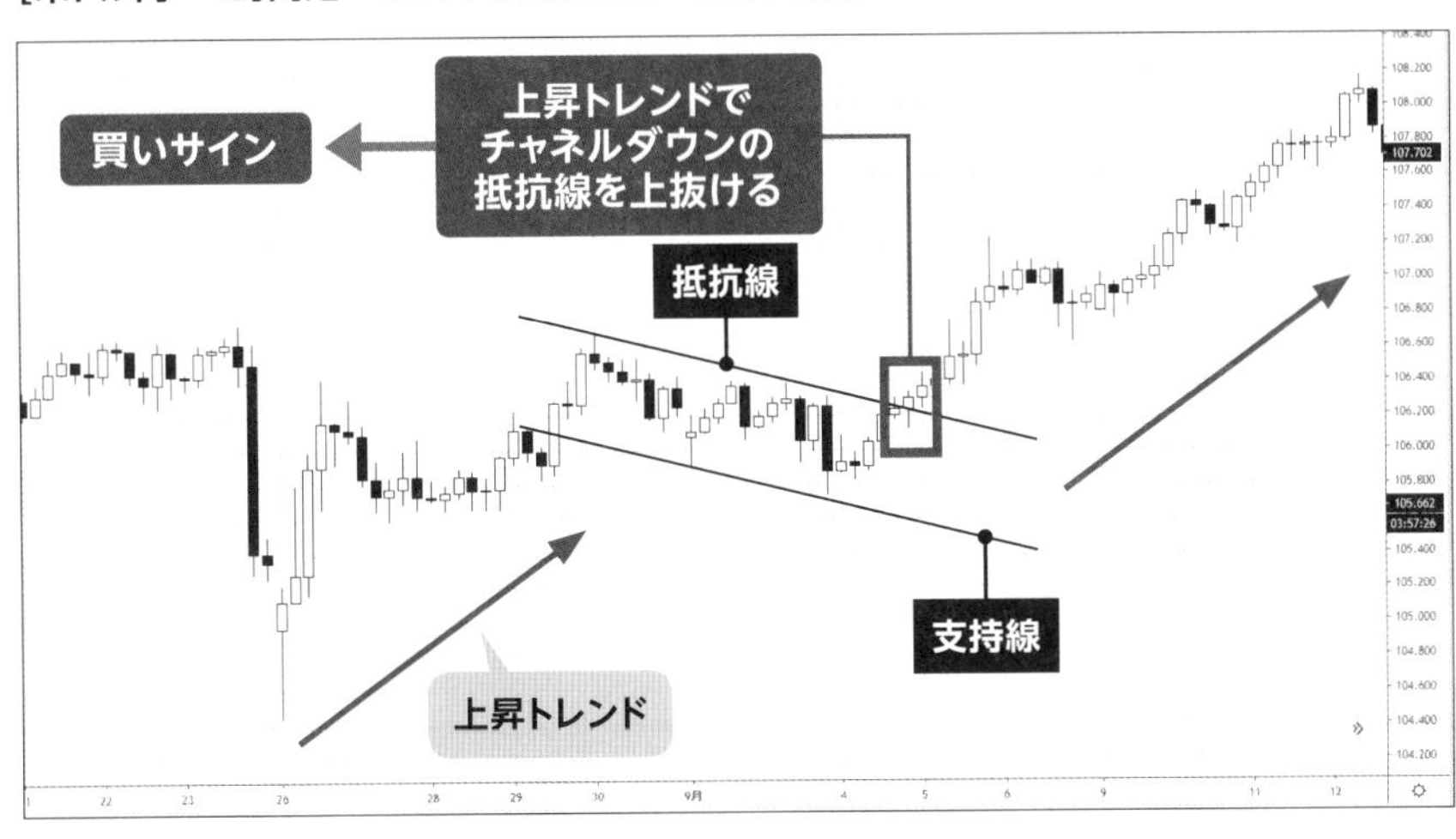

あと、買いたいトレーダーと売りたいトレーダーのバランスが均衡して出現するパターンです。

また、チャネルダウンが出現して抵抗線をブレイクすることで、上方向にレートが伸びやすいということは、逆にいえば、チャネルの中では方向感が定まっていないことになります。その意味で、一方的な動きの直後にチャネルを形成しそうな場合は、抵抗線をブレイクするまでは休むべき相場であるともいえます。

また、抵抗線のブレイクがダマシで、そこから反転するケースもあるので、ブレイク直後よりも一度戻しを待ってエントリーするほうがよい場合もあります。

美味しいサイン

トレンド中に頻繁に出現するチャネル。チャネルの間を行ったり来たりするレンジ期間中も、上か下に抜けたときも収益チャンスがある美味しいサインです！

ダマシ　一方向に価格が変化するサインが出たあとに、期待された方向とは反対に価格が動くこと。注目されている指標ほどダマシが出やすい

COLUMN5

テクニカル分析の基本となる酒田五法

江戸時代に発祥した相場分析法

テクニカル分析にはさまざまな手法がありますが、最も古典的であり基本的な手法が「酒田五法」です。

酒田五法は江戸時代の米商人、本間宗久によって編み出された手法です。本間宗久はローソク足の並びに注目した相場分析法を構築し、米市場で莫大な富を築きました。

その相場分析法が、彼の出身地である山形県酒田の名をとり、酒田五法として広まったのです。五法という名のとおり、大きく分けて「三山」「三川」「三空」「三兵」「三法」の5つのパターンからなっています。5つのなかでもさらにいくつかのパターンがあり、その後に登場した多くのテクニカル分析の土台となっているだけでなく、それぞれが現代の複雑な相場においても通用する優秀な手法です。

114ページで紹介した三尊は三山のひとつであり、112ページで紹介した明けの明星・宵の明星は三川のひとつです。

酒田五法の5つのパターン

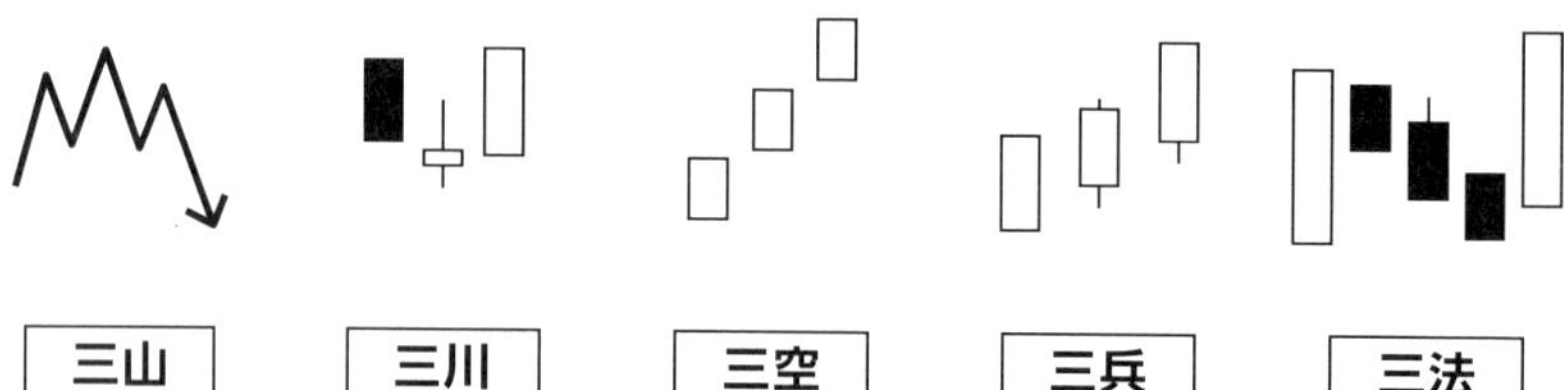

6章

テクニカル分析で今後の値動きを予測する

テクニカル分析は相場分析の方法のひとつです。トレンド系、オシレーター系の2種類の指標を用いて、売買タイミングを計ります。

テクニカル01

2種類のテクニカル指標 トレンド系とオシレーター系

トレンド系指標で トレンドの方向性を知る

チャートには、ローソク足やライン以外にも、移動平均線やRSIといった「テクニカル指標」と呼ばれる要素を追加することができます。ただ、「テクニカル指標」という名称でひとくくりにまとめられていますが、それぞれの指標ごとに特徴や使い方はまったく異なります。

そのため、「テクニカル指標を使って何をしたいのか?」という部分がはっきりしないまま、チャートに表示しても意味がありません。まずはそれぞれの特徴をしっかりと把握するところから始めましょう。

テクニカル指標は大まかに「トレンド系」と「オシレーター系」の2つに分類することができます。

トレンド系は文字通り、トレンドの方向性を知るための指標です。移動平均線やボリンジャーバンド、一目均衡表などの指標が当てはまります。

現在のレートがトレンドにあるのか、それともレンジなのかどうかを把握することは、トレードにおいて非常に重要ですし、これらの指標を使うことによって、レートの方向性を視覚的に把握しやすくすることができます。

移動平均線とRSI

[米ドル円　日足　2018年6月～2019年8月]

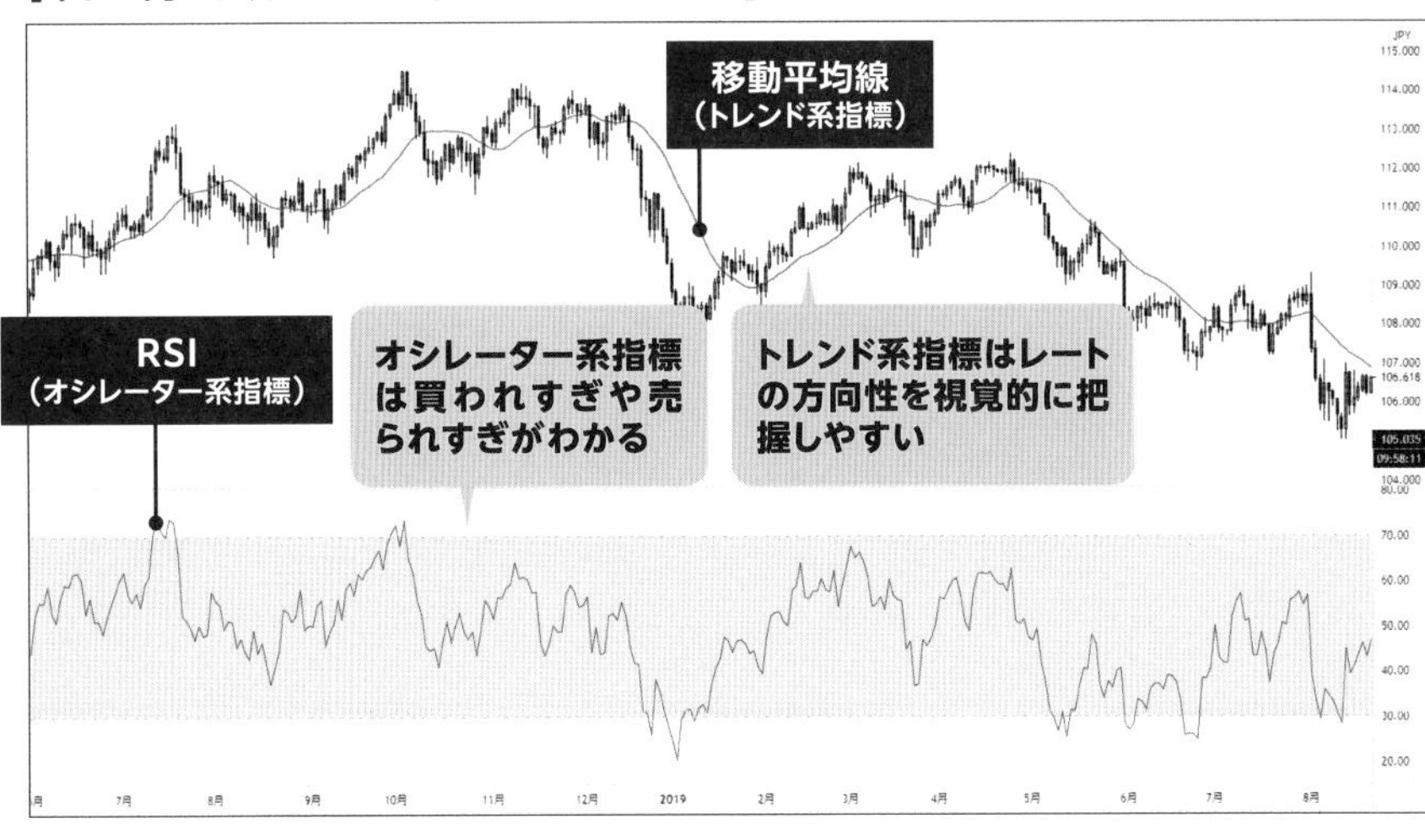

オシレーター系指標で相場の過熱感を知る

オシレーター系は「振り子」が語源になっています。グラフの上限・下限が決まっていて、その中を振り子のように行き来する指標なので、このように呼ばれています。現在のレートが一定期間のレートの中でどのような位置にあるのかを計算して求めるので、**「売られすぎ」「買われすぎ」を判断する際に参考にしやすいテクニカル指標です。**オシレーター系にはRSIやストキャスティクス、MACDなどがあります。

指標選択に正解はない

私はトレンド系の移動平均線を1本だけチャートに表示しています。何を選ぶかに正解はありません。自分の使いやすいインジケーターをぜひ見つけてください

テクニカル02

初心者が見るべきトレンド系指標は移動平均線

多くの人が見ている指標は移動平均線

124ページで説明したとおり、テクニカル指標はいろいろと種類がありますが、チャート分析をこれから始める人にオススメなのはトレンド系のテクニカル指標です。

トレンド系のなかでも、移動平均線は誕生してからの歴史が古く、相場において知らないトレーダーはいないといえるほど有名な指標です。しくみも非常にシンプルなので、初心者でもトレードに取り入れやすいでしょう。

各FX会社が提供しているチャートツールにおいても、移動平均線が表示できないものはほぼないですし、デフォルトの設定で表示されているケースも多くあります。

実際のトレードで使うかどうかは別としても、**移動平均線は相場で意識されやすいということは知っておきましょう。多くの人が見ているほど、テクニカル指標は機能しやすくなります。**

誕生から100年以上経った現在でも、移動平均線とレートの動きだけを分析して利益を得ているトレーダーも多くいますし、必ず押さえておくべきトレンド系指標です。

オススメは移動平均線

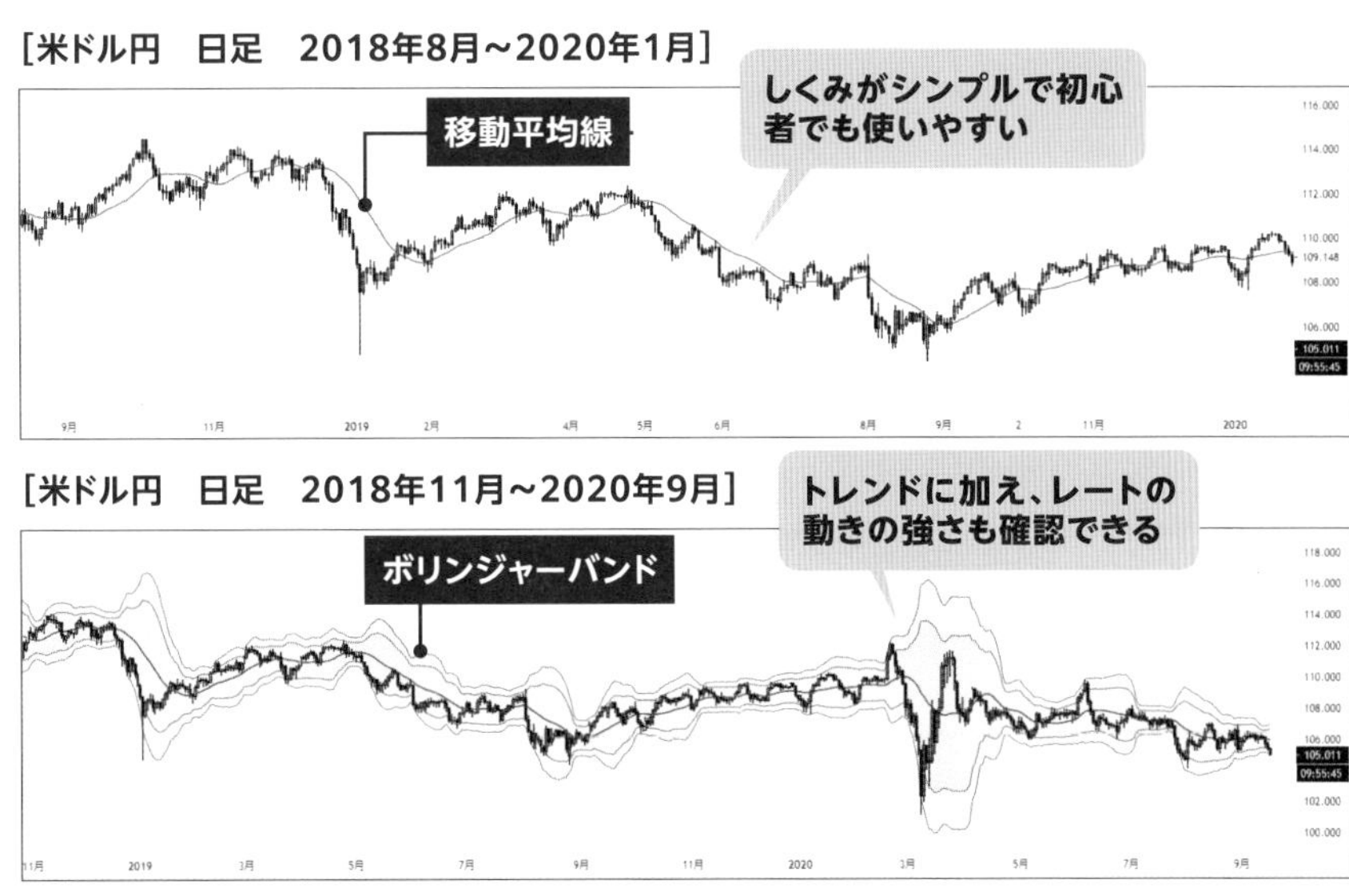

ボリンジャーバンドはトレンドの方向性以外も分析できる

また、移動平均線の使い方に慣れてきたら、ボリンジャーバンドを使ってみるのもよいでしょう。ボリンジャーバンドは移動平均線をアレンジしてできたテクニカル指標なので、「トレンドの有無を把握する」という基本的な考え方は移動平均線と共通しています。

それに加えて、**レートの動きの強さを確認するなど、できることが多い**ので、チャートに表示することで、分析の幅を広げられます（142ページ参照）。

浮気は時間の浪費

はじめは手当たり次第にインジケーターを表示させがちですが、自分が気に入ったひとつだけを使い倒しましょう。インジケーターの浮気は時間の浪費です

テクニカル03

最も多くの人が使う指標 移動平均線

移動平均線(SMA)のしくみ

日付	9/10	9/11	9/14	9/15	9/16	9/17	9/18
レート	100	105	95	97	103	101	107

過去5日間のレートの平均をとり、線でつないだものが日足の5SMA

ローソク足だけではわかりにくいレート変動の流れが見えますね

移動平均線はその名の通り「平均」を移動させたもの

移動平均線とは、アメリカのJ・E・グランビルが体系的にまとめたテクニカル指標です。

一定期間の平均値(多くは終値)を計算し、その**平均値をつないで折れ線グラフとしてチャートに描画するため、まさに「動く平均値」を示す指標です**。英語では「Moving Average」という表記になり、頭文字を取って「MA」として表記されることが多いです。

しくみの面で考えると、たとえば、5日間の値動きが100円、105円、95円、97円、103円だった

J.E.グランビル　米国のチャート分析家。価格と移動平均線の位置関係に着目し、具体的な売買の法則を説いた

大きな流れが見えるSMA

［米ドル円　4時間足　2020年8月〜9月］

ローソク足は激しく上下しているが、移動平均線を見ればそのなかにトレンドを見つけやすくなる
20SMAが上向きだから上昇トレンド
20SMA

場合、平均値は100円となります。翌日になれば、次の平均値が出るので、その点をつないでいくと「線」になります。

このように、**シンプルに終値を集計して、平均値をつないだ線を描画するため、この移動平均線のことを「単純移動平均線（Simple Moving Average＝SMA）」と呼びます。**

移動平均線は、平均値を取る期間を自由に設定することができるので、その期間と表示する時間軸によって呼び方が変わります。例えば、日足で5SMAを表示させた場合、「5日間の終値を平均して表示した移動平均線」ということになりますし、1時間足で5SMAというと、「5時間分の終値を平均して表示した移動平均線」のことを指します。

移動平均線はSMAのほかにもいろいろと種類がある

SMAは相場に誕生して以降、100年経った現在でも広く活用されているテクニカル指標です。しか

3種類の移動平均線の比較移

［米ドル円　日足　2018年10月～2019年6月］

20EMA
20WMA
20SMA
短期間で大きく値動きしたときはEMAが一番反応がよい

し、「単純に一定期間の終値を平均する」という特性上、直近で急落や急騰が起こると、反応が遅れてしまいます。

そうしたデメリットを克服するために、平均値を算出する際の計算式をアレンジする試みが行われ、SMAの派生としてさまざまなバリエーションが開発されました。

代表的なものとしては、**直近のレートを重視して平均値を算出した「指数平滑移動平均線（Exponential Moving Average＝EMA）」**や、直近のレートを重視して、それ以外の値は影響を徐々に減らして算出した「加重移動平均線（Weighted Moving Average＝WMA）」といったものが挙げられます。特に、直近のレートの比重が大きいEMAは、MACDなどのほかの指標に用いられています。

ただ、SMAも反応が遅いというデメリットがあるとはいえ、計算方法がシンプルな分、理解しやすいです。相場でも意識されやすいため、あえてこちらを使うメリットもあります。

期間を変えた3本のSMA

[米ドル円　日足　2015年12月～2017年3月]

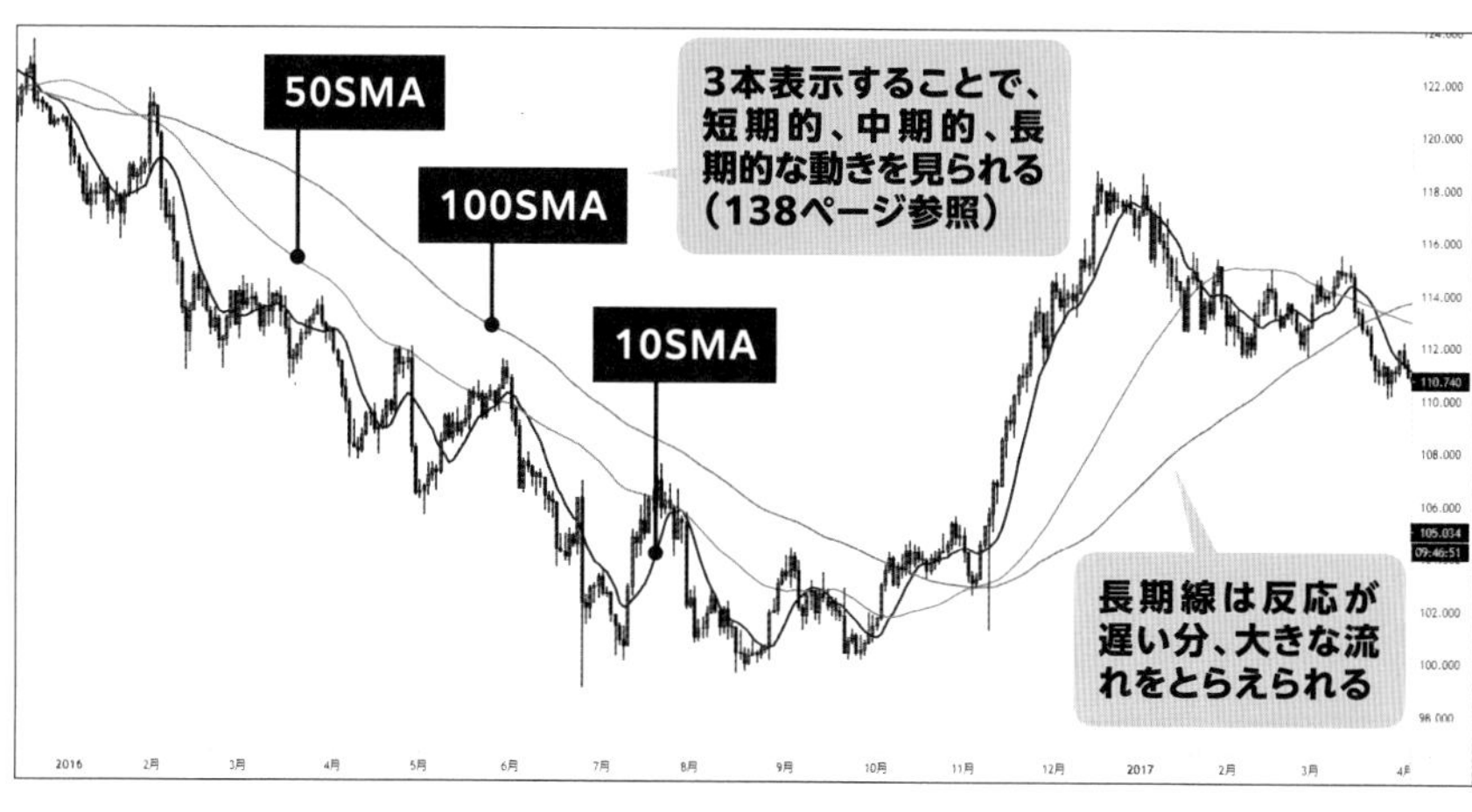

数値が大きくなるほど線の動きは緩やかになる

また、各移動平均線でよく使われる数字（平均値を取る期間）として、5、10、20（もしくは21）、50、75、100などキリのよい数字が挙げられますが、それ以外の数字を使っても特に問題はありません。

なお、数字が大きくなるほど、移動平均線の動きが緩やかになります。**短期的な動きを見るときは5～20、中期的な動きは50～75、長期的な動きは100～200というように使い分けるとよいでしょう。**

好みの期間を見つける

私は通貨ペアによって期間を変えていますが、好みの期間は長年の取引でしっくりきた144、169、200です。あなただけの期間を見つけてみてください

テクニカル04 移動平均線の向きを見てトレンドを把握する

移動平均線の向きとトレンド

移動平均線の向き	トレンド
上向き ↗	**上昇トレンド** 一定期間のなかで平均値が上昇しているため、相場のなかで買っている人が多い
下向き ↘	**下降トレンド** 一定期間のなかで平均値が下降しているため、相場のなかで売っている人が多い
横ばい →	**レンジ相場** 一定期間のなかで平均値が動かないため、売りと買いが均衡している

線の向きを見ればトレンドの有無を把握できる

移動平均線を使ってチャート分析を行う場合、まず見るのは「線の向き」です。線の向きを見ることによって、トレンドの有無を把握することができます。

線の向きとトレンドの関係は、単純に**移動平均線が上向きなら上昇トレンド、下向きなら下降トレンド、横ばいならトレンドなし（レンジ相場）**という具合です。

なぜ、こうした判断ができるのかは、移動平均線が「平均値をつなげた線」であることを考えるとわかり

チャートでトレンドを見る

［ユーロ米ドル　4時間足　2017年10月～2018年5月］

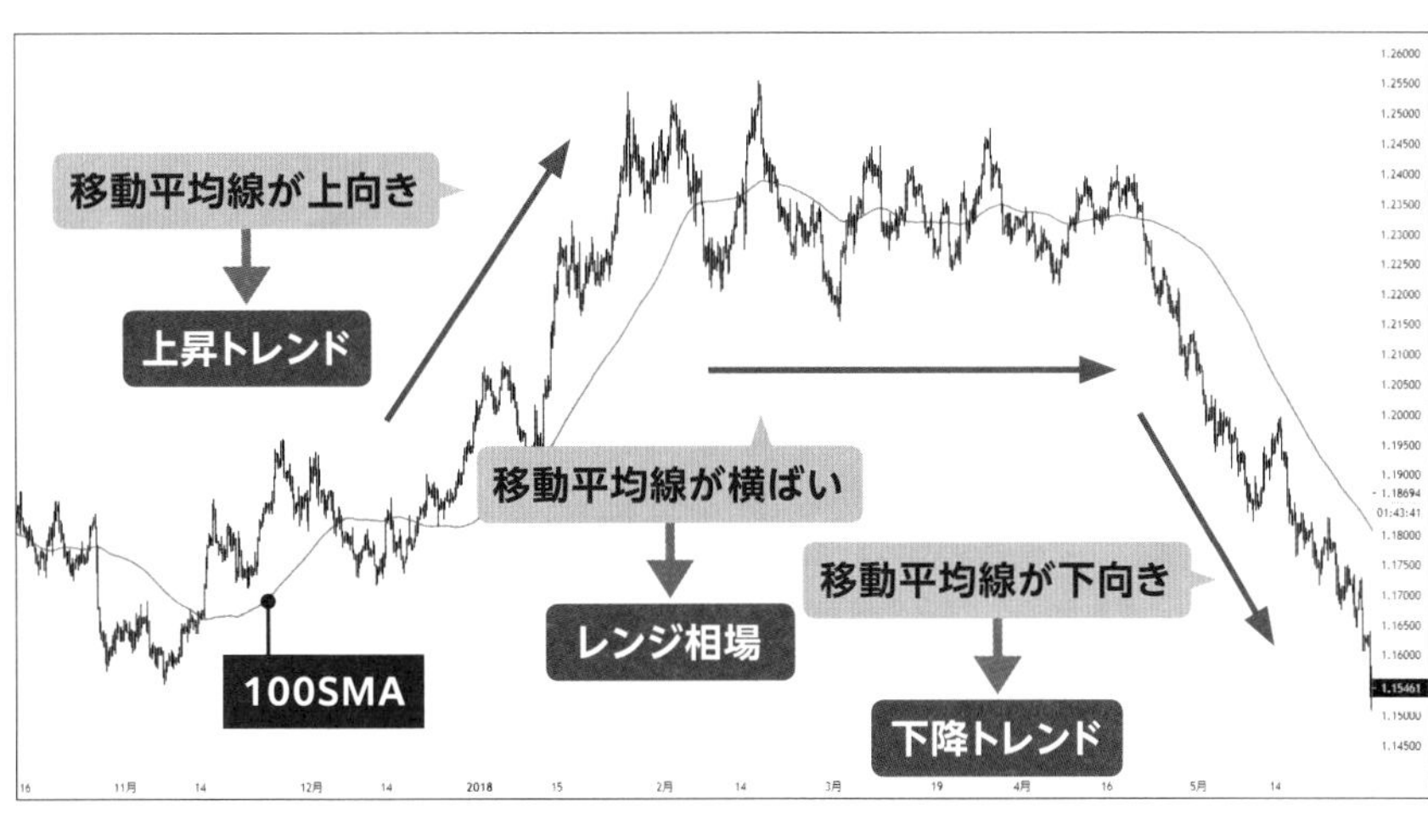

やすいでしょう。

たとえば、移動平均線が上向きの場合、一定期間のなかで平均値が上昇していることから「買っている人が多い」と考えることができます。下向きの場合は、反対に「売っている人が多い」ことを示しますし、横ばいの場合は「売りと買いが均衡している」ことを示します。

したがって、**買われている状況が続けば上昇トレンドとなりますし、その動向は移動平均線の向きとして視覚化されます**。こうした理由から、移動平均線をチャートに表示させて「上向き」「下向き」「横ばい」のうち、今がどの相場であるのかを判断するのが、基本的な使い方なのです。

ローソク足と移動平均線の位置でトレンドの勢いを把握する

また、先ほど説明した**移動平均の向きとローソク足の位置を組み合わせると、トレンドの勢いがわかり、より正確にトレンドの状態を読み取ることができるよ**

移動平均線とローソク足の位置

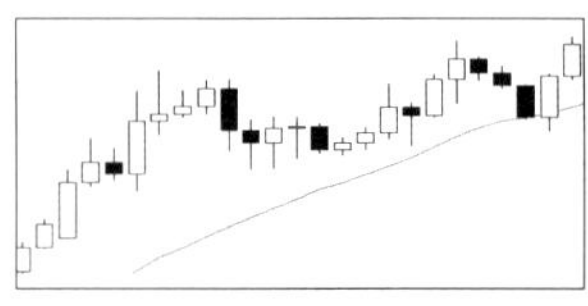

ローソク足が移動平均線より上

平均値を上回るほど買われているため、上昇の勢いが強まっている

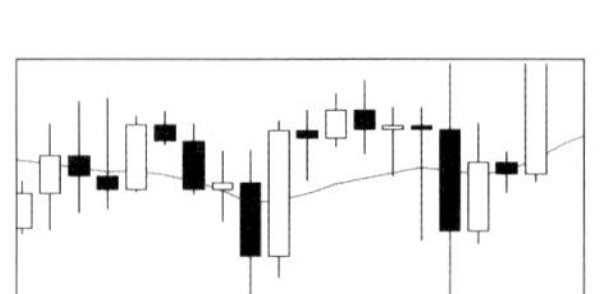

ローソク足と移動平均線が同じ位置

平均値と同じくらい買われ、売買が均衡しているためどちらにも勢いがない

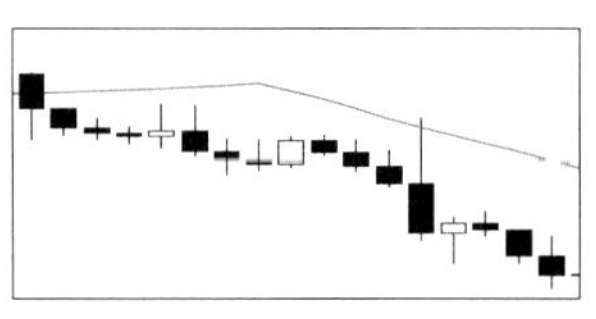

ローソク足が移動平均線より下

平均値を下回るほど売りが増えているため、下落の勢いが強まっている

うになります。

たとえば、日足に表示した20SMAが上向きの状況を考えてみましょう。この場合、SMAとローソク足の関係には、3つのパターンが想定されます。

①ローソク足が20SMAよりも上
②ローソク足が20SMAと同じ位置
③ローソク足が20SMAよりも下

①のパターンでは、過去20日の平均値を上回るほど買われているため、直近の動きはほぼ買いしか出ていない状況です。そのため、上昇の勢いが強いと判断できます。

②では、上向きのSMAに沿った動きなので、基本的には上昇中ですが、売りもある程度出てきていると判断できます。

③では、過去20日の平均値ほどは買われていません。そのため、SMAを見ると、大きな目線では上昇中ですが、短期的な売り買いのバランスでいえば、売りが強くなっているため、上昇の勢いが弱くなっていると判断できます。このような動きが出てきた後に、SM

上昇中の移動平均線とローソク足

[ユーロ米ドル　4時間足　2020年2月～3月]

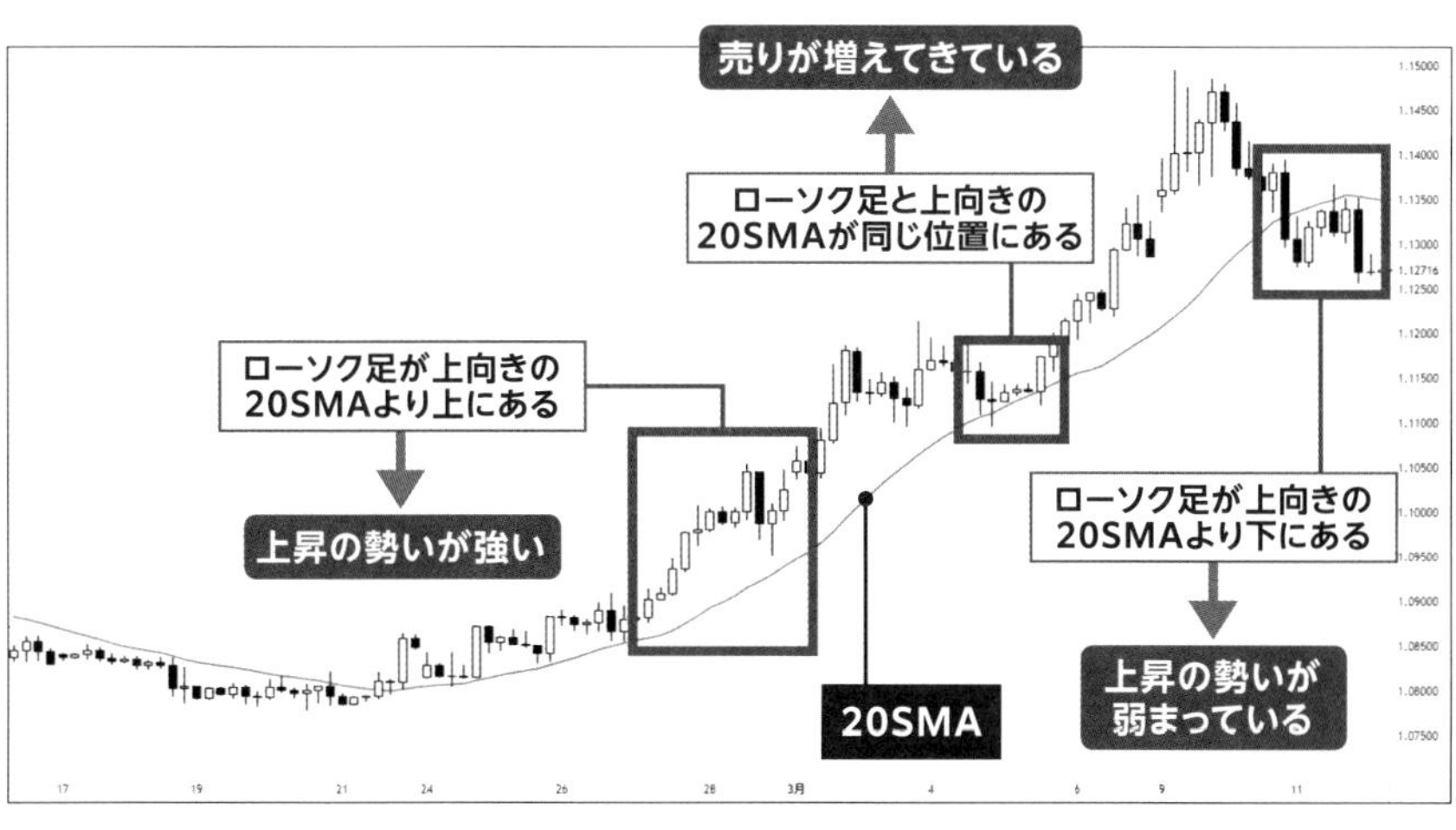

Aも横ばいや下向きに変化してくると、トレンド転換の可能性が高まります。

ここではSMAが上向きのパターンを例に出しましたが、下向きや横向きの場合でも、ローソク足の位置を踏まえて考えると、同じようにそれぞれ3つのパターンがあります。

つまり、**移動平均線を使うことで、大きなトレンドの向きを判断できますし、そこにローソク足の位置を加えることで、トレンドのなかの細かな動きを分析できます**。これが移動平均線を使ったチャート分析の基本的な考え方です。

トレンドを見極める

「トレンドはあなたの味方」ですから、トレンドを見極めることは、FX取引をするうえでは欠かせません。その見極めるツールのひとつが移動平均線です

テクニカル05

グランビルの法則を使って売買のタイミングを掴む

グランビルの法則は売り買い8つのパターン

134ページで解説したローソク足と移動平均線の関係を使い、実際のトレードにおいて、どのタイミングで売買を行うかを示したのが「グランビルの法則」です。移動平均線を用いて売買タイミングを計る手法として、多くのトレーダーに利用されています。

グランビルの法則には買いと売りで合計8つのパターンがあります（左図参照）。買いのパターンのひとつ目は、トレンドの転換を狙ったパターン（買い①）です。移動平均線が一度下向きになった後、横ばいから上向きに転換する場面で、ローソク足が移動平均線を下から上に抜けたら買います。

2つ目は上昇トレンド途中の押し目を狙った買いのパターンです（買い②）。**移動平均線が上向きで動いている状態で、ローソク足が移動平均線を一度下に抜け、再び移動平均線の上に戻ってきたのを確認して買っていきます**。

3つ目は押し目を狙ったもうひとつの買いパターンです（買い③）。**移動平均線が上向きで動いている状態で、ローソク足が一度移動平均線に近づき、下抜けずに反転したのを確認して買います**。

4つ目は相場の調整を狙った買いパターンです（買

グランビルの法則の売買パターン

[ユーロ米ドル　4時間足　2018年8月～11月]

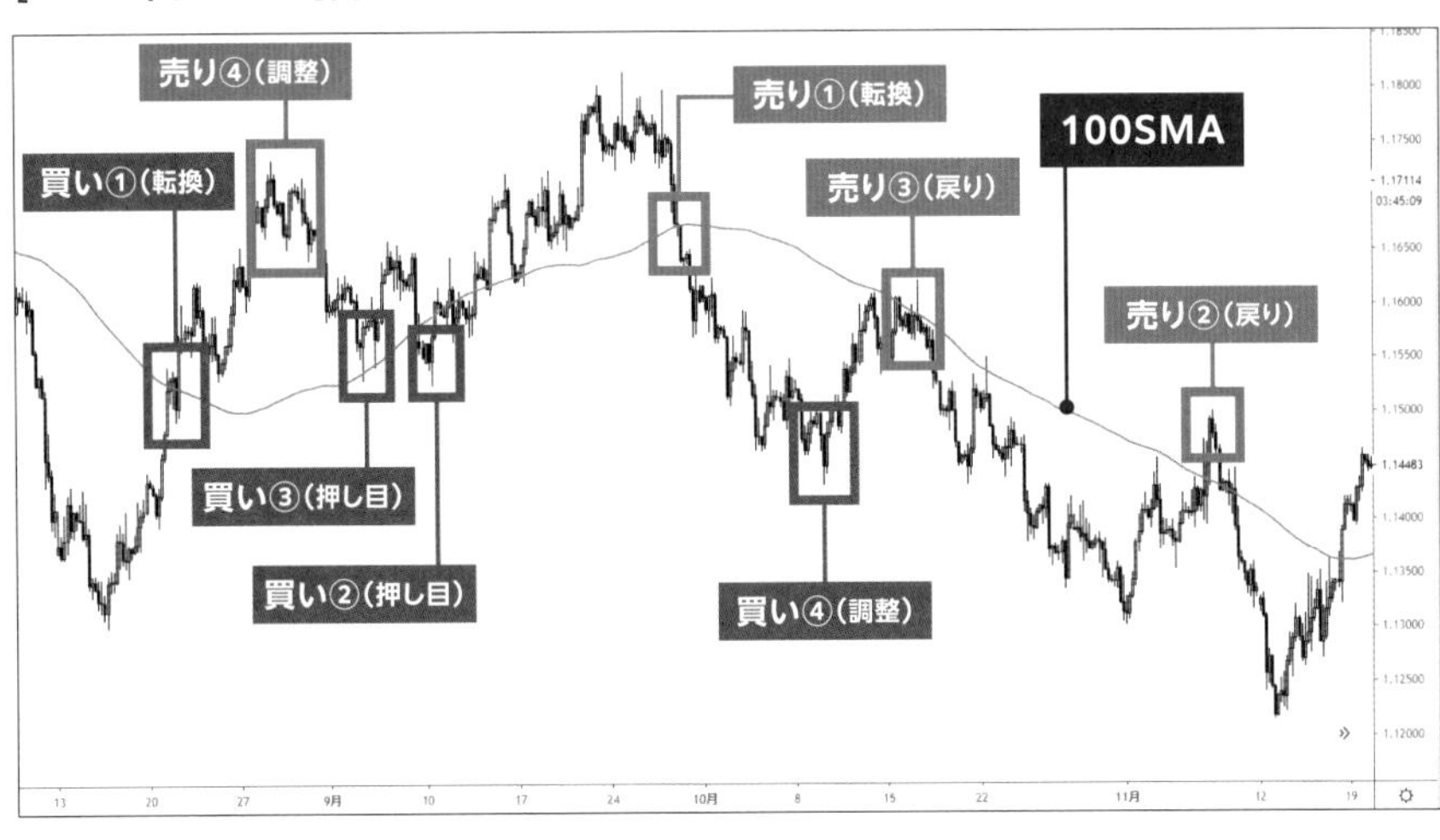

い④）。上昇中の移動平均線が下を向き始めたところで、ローソク足が移動平均線を下抜けるほど下落。その後、移動平均線と大きく離れたローソク足が、反転して上昇するタイミングで買っていきます。

売りのパターンは買いのパターンを反転させたものです。なかでも、**2つ目と3つ目は押し目や戻りを狙ったトレードにおいて、エントリーするタイミングをつかみやすくなるので、頭に入れておくとよいでしょう。**

また、移動平均線の期間は20や100など、より多くの人に使われているものを用いると効果的です。

馴染みの深い数値で

たった1本の移動平均線で、これだけの取引方法があります。用いる移動平均線の数値には決まりはありません。まずは馴染みの深いもので検証してみましょう

テクニカル06

複数の移動平均線で戦略を立てる

パーフェクトオーダーとは？

上昇のパーフェクトオーダー

3本の移動平均線がすべて上向きで、上から短期、中期、長期の順に並んでいる状態

▼

かなり強い上昇トレンド

下落のパーフェクトオーダー

3本の移動平均線がすべて下向きで、上から長期、中期、短期の順に並んでいる状態

▼

かなり強い下降トレンド

移動平均線は複数表示できる

移動平均線は1本でも使える指標ですが、**複数表示することでより売買の精度を上げることができます。**複数表示で代表的な使い方としては、3本をチャートに表示して「パーフェクトオーダー」になったタイミングでエントリーする方法があります。

まず、移動平均線を短期・中期・長期の3つに分けて3本表示してみましょう。組み合わせはいろいろとありますが、ここでは短期を20SMA、中期を50SMA、長期を100SMAに設定します。

上昇のパーフェクトオーダー

［ポンド米ドル　4時間足　2020年5月～6月］

パーフェクトオーダーになったらエントリー

パーフェクトオーダーとは、3本の移動平均線が上昇の場合は上から短・中・長の順、下降の場合は上から長・中・短の順で並ぶ状態のことです。

移動平均線がこうした並びになるということは、それぞれの移動平均線を見ているトレーダーが、ひとつの方向を向いてトレードをしていると考えることができます。そのため、**レートがトレンド方向に素直に伸びて行きやすく、順張りでトレードを行う絶好のチャンスとなるのです**。具体的には、短期・中期が並んだ後に、長期が離れてパーフェクトオーダーになるタイミングでエントリーします。

うまくエントリーできた場合、利確はローソク足が短期線を明確に抜けたタイミングで行うと、トレンドの一番美味しい部分だけを取り切るトレードを行うことができます。

上昇局面の例であれば、パーフェクトオーダーの状

強い上昇トレンドの押し目で買う

[ユーロ円　4時間足　2020年5月～6月]

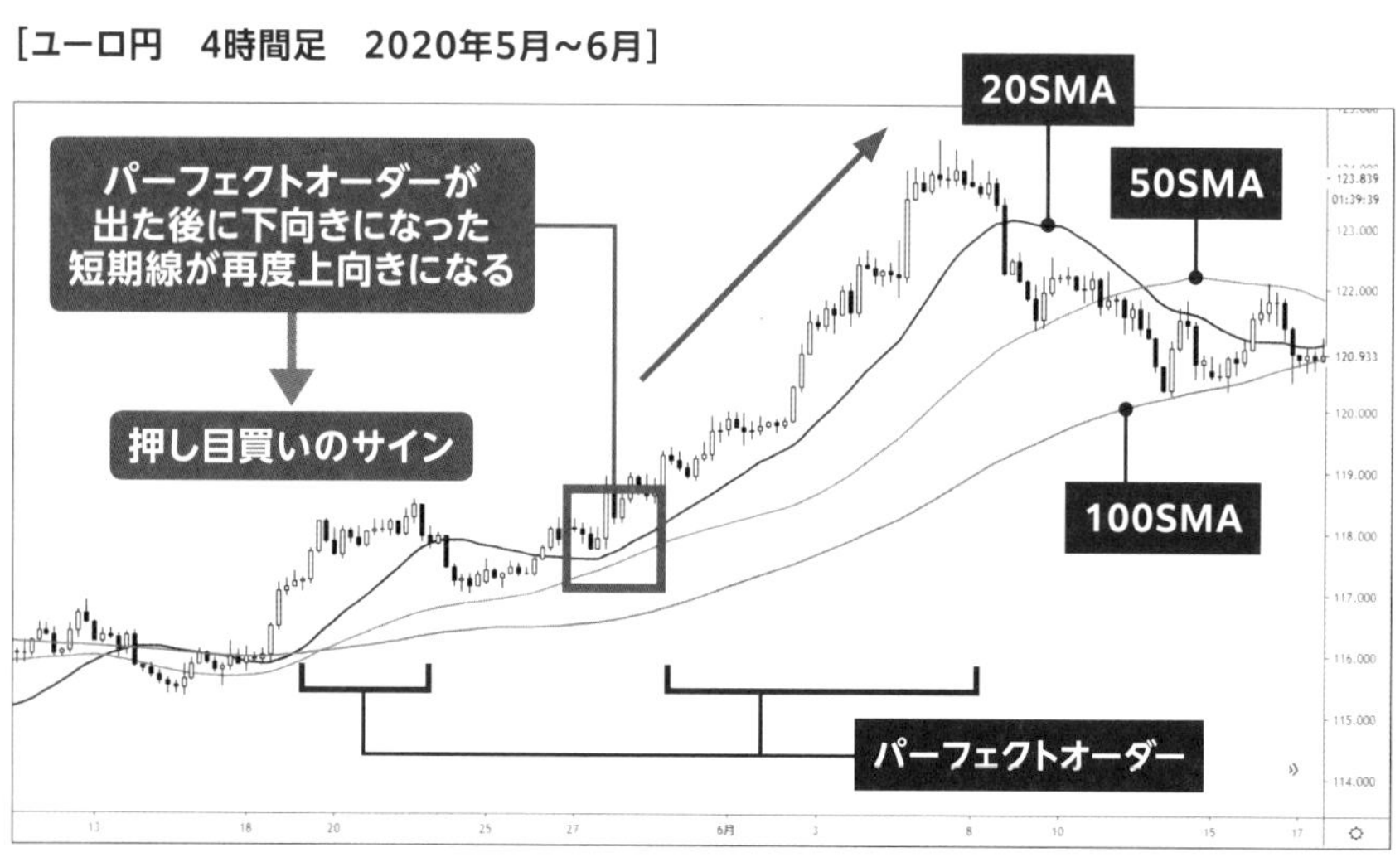

態から、短期が下向き始め、中期を下抜けたら利確します。

パーフェクトオーダーはトレンドの初動はもちろん、押し目や戻りでも発生することも多いので順張りトレードを行なう際には試してみるとよいでしょう。

ただ、日足などの長い時間軸ではパーフェクトオーダーは頻繁に起こるものではないので、チャンスになるまでしっかりと待つ必要があります。そのため、**売買の頻度を増やしたい場合は、時間軸を短くするなどの対応が必要になります。**

移動平均線が絡み合うときは手を出さずに様子を見る

一方、パーフェクトオーダーを利用して押し目を狙う手法もあります。強い上昇トレンドのなかでは、少し値下がりしても上昇に戻りやすいです。**短期の移動平均線が下向きになってから再び上昇に戻る瞬間が押し目買いのタイミングです。**

うまく押し目買いができれば、上昇トレンドの途中

移動平均線が絡み合う相場

[ポンド米ドル　4時間足　2019年12月～2020年2月]

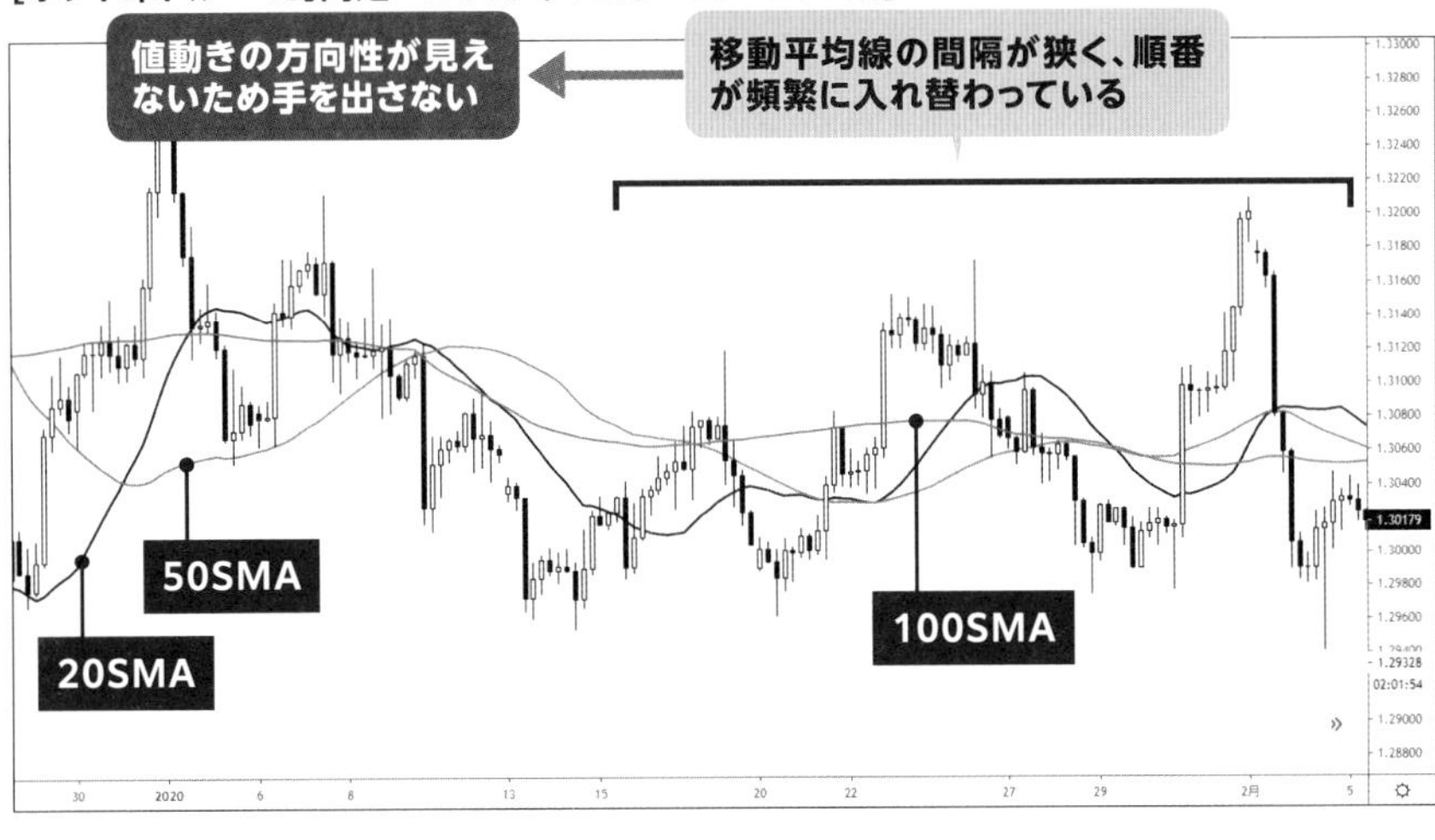

値動きの方向性が見えないため手を出さない
移動平均線の間隔が狭く、順番が頻繁に入れ替わっている
50SMA
20SMA
100SMA

でもポジションを持つことができるので、乗り遅れた場合でも利益を狙えます。

また、移動平均線の並びから、手を出さないほうがよい相場も見抜けます。短期、中期、長期、それぞれの移動平均線を見ると、上昇、横ばい、下落のいずれかのトレンドを常に示しています。しかし、それらがちぐはぐに絡み合っていることがあるのです。

線が頻繁に交差したり、間隔が近かったりしていると売買タイミングの判断がつきません。このような**レートの方向性がはっきりしない状態では下手にポジションをもたず、様子を見るのが賢明でしょう。**

損切りが設定しやすい

私の周りにも、複数の移動平均線を使って取引している人が多くいます。転換のタイミングや損切りのレベルが設定しやすいことも人気の理由かもしれません

テクニカル07

統計学的にレートを予測するボリンジャーバンド

ボリンジャーバンドの確率

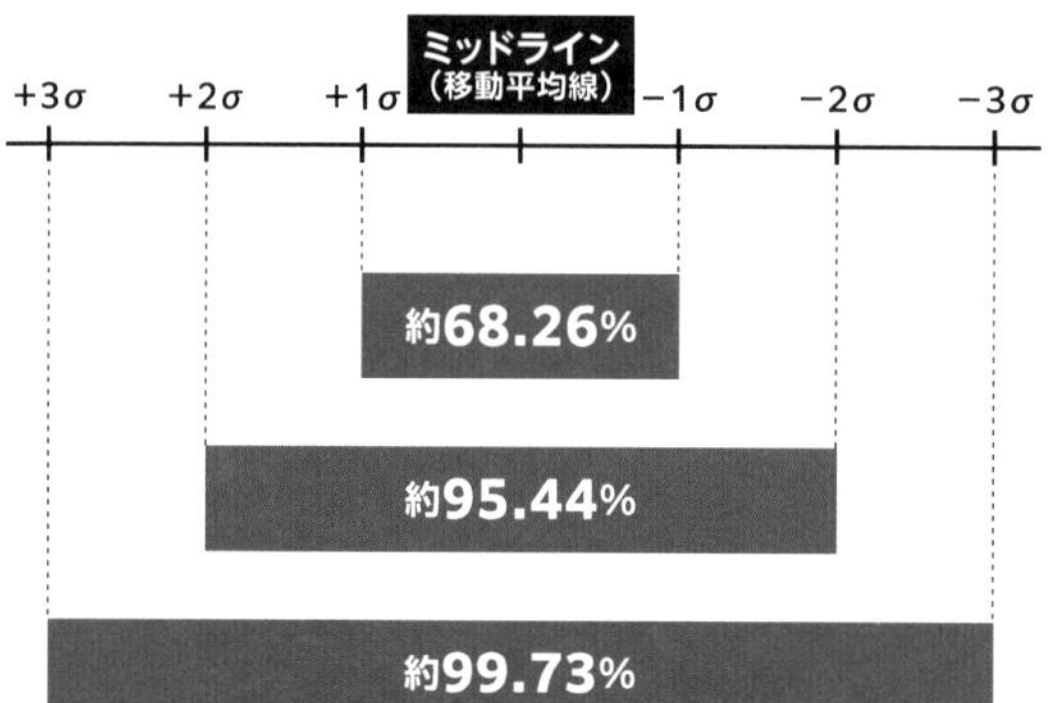

約95.44%の確率で±2σのなかに入るため、レンジ相場で±2σにタッチしたときはレートが逆方向に動きやすい

移動平均線に統計の要素を加えたボリンジャーバンド

ボリンジャーバンドは移動平均線をアレンジしてできたテクニカル指標です。移動平均線を「ミッドライン」として、この値に統計学の考え方を用いて算出した、上下の帯（バンド）がボリンジャーバンドです。バンドには「σ（シグマ）」という名前がついていて、ミッドラインよりも上にあるものは「+1σ」「+2σ」「+3σ」、下にあるものは「-1σ」「-2σ」「-3σ」という呼び方をされます。

それぞれのバンドは、レートが収まる確率を視覚的

±3σを超えるのは1年に1度ほど

[米ドル円　日足　2018年9月〜2020年8月]

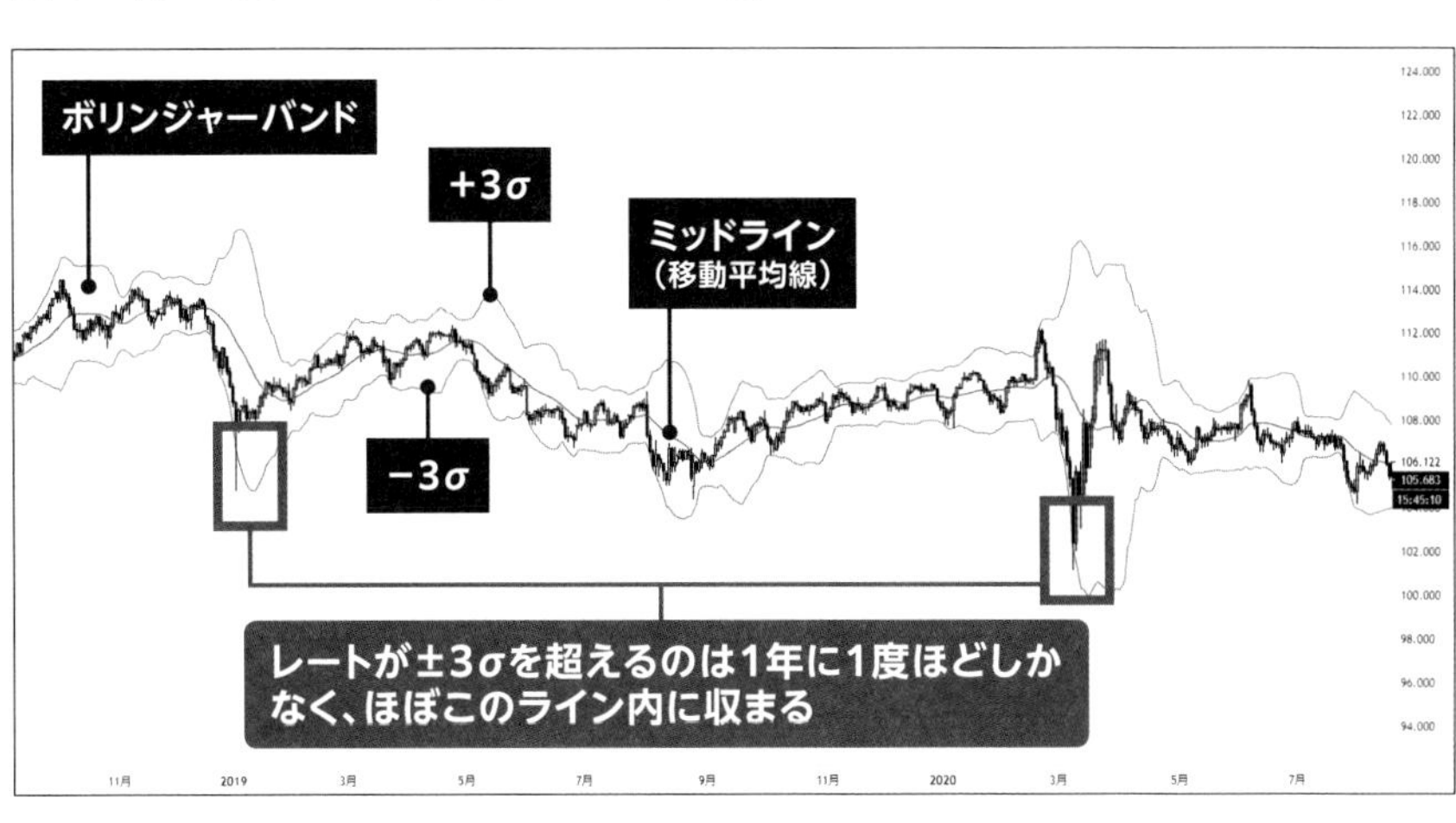

に示していて、±1σに収まる確率は68・26%、±2σに収まる確率は95・44%、±3σに収まる確率は99・73%という値になります。要は、急騰や急落があったとしても、統計的に考えるとレートが±3σを超える確率は0・27%しかないということです。つまり「基本的にレートは±3σのなかに収まる」ため、これを超えてレートが動くということは、よほど市場にインパクトがあった場合にしか起こりません。

ボリンジャーバンドを使ってチャート分析を行う際には、この性質を利用して戦略を立てていきます。

順張り・逆張りどちらでも使うことができる

開発者のジョン・ボリンジャー氏によると、ボリンジャーバンドの本来の使い方は「順張り」のテクニカル指標だそうです。つまり、トレンドの発生を見極めて、その流れに乗るために利用していくわけですが、最もシンプルなのは「バンドウォーク」を見つけてエントリーする方法でしょう。

バンドウォークしているチャート

[ユーロ米ドル　日足　2020年2月～9月]

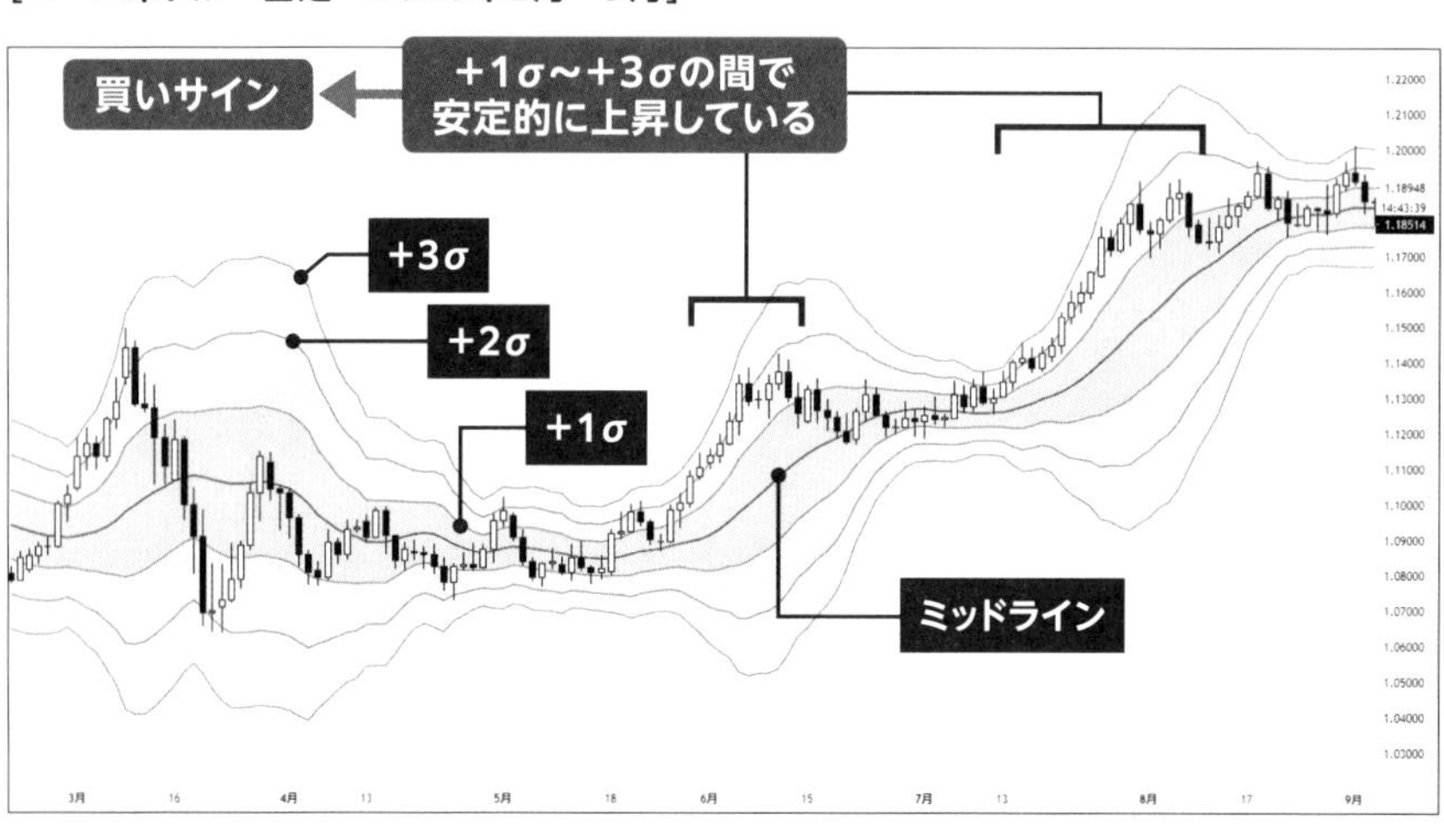

バンドウォークとは、上昇トレンドや下降トレンドが出ている際に、レートがミッドラインに触れずに、+1～+3σもしくは-1～-3σの間で動いている状態のことです。**±1σを超える動きになる確率は統計的に約30%あり、ここを下回らないということは、安定してトレンドが出ていると考えることができます。**

また、±1σを超えているにも関わらず±2～3σを超えずにレートが動いているため、トレンド中に急騰・急落が起きていないという点からも、安定して含み益を伸ばしていけるので、順張りトレードに適しているのです。

ただ、ボリンジャーバンドを使った逆張りがまったく機能しないというわけではありません。危険なのは、「レートはほとんどの確率で±3σのなかに収まる」という性質を頑なに信じて、どんな相場でも同じように逆張りするようなトレードです。

特に、トレンドが発生している状況で時間軸を下げると、±3σを超えて来るような動きは時折発生するので、そうしたときに損切り注文などの対策を行って

レンジで機能する逆張り

[米ドル円　15分足　2020年9月10日～9月14日]

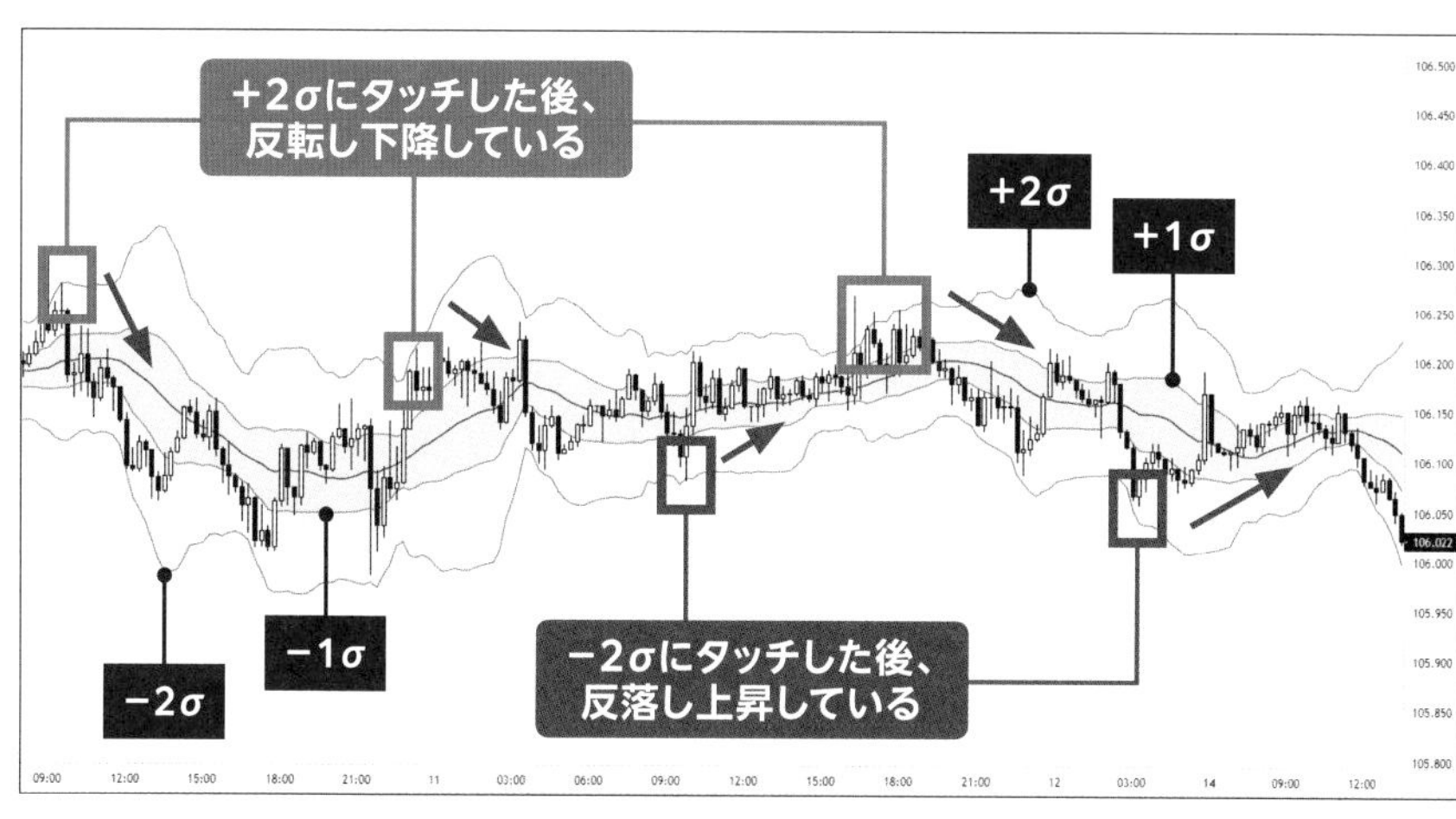

いないと、大きく含み損を抱えやすくなります。

つまり、逆張りする状況やポイントを選べば、トレード戦略として十分に機能するということです。特に**レンジ相場では、レートの上下がこう着しているため、±2σにタッチしてからの反転が意識されやすくなります**。こうした動きを狙って、レートが±2σにタッチする動きが出たら逆方向にエントリーするとよいでしょう。

ただし、レンジはいずれトレンドに転換するので、エントリー後は必ず損切り注文を入れておく必要があります。

トレンド転換を狙う

ボリンジャーバンドは、私も愛用しています。特に、日足と週足のバンドウォークが長く続いたあとの、トレンド転換を狙う取引が好きです

テクニカル08

初心者がオシレーター系の指標を使う際の注意点

オシレーター系は相場の強弱や勢いを判断する指標

オシレーター系指標は大きくまとめると、相場の強弱や勢いを判断するために用いるテクニカル指標です。とはいっても、計算式やグラフの動き方はそれぞれで特徴があります。ですが、「オシレーター系指標を表示することで、何をしたいのか?」という目的がはっきりしていれば、どの指標を使うのかが明確になります。

たとえば、RSIとストキャスティクスは計算式自体は異なりますが、どちらも相場の強弱を表す指標です。そのため、**シンプルに分析したい場合はRSI、2本のラインで幅広く分析したい場合はストキャスティクスというように使い分けることができます。**

また、MACDはトレンド系の性質も備えているので、トレンドが反転してからの動きを狙ってエントリーのタイミングを分析したい場合はこちらを使えばよいでしょう。

目的に沿った指標をひとつ選ぶ

オシレーター系指標は本書で紹介するRSI、ストキャスティクス、MACD以外にも種類があるので、

各オシレーター系指標の特徴

初心者にオススメ

指標	特徴
RSI	過去の相場における「値上がり幅」と「値下がり幅」から、値動きの強弱を数値で表したもの。ラインが1本のためシンプル
ストキャスティクス	過去の変動幅と終値の関係から、現在の相場の勢いを示す指標。2本のラインを用いてRSIより幅広い分析ができる
MACD	2本の移動平均線とヒストグラムで構成される指標。相場の過熱感だけでなく、トレンドを計ることもできる

まずは目的に合ったひとつだけを使ってみる

いろいろと試してみたくなる気持ちもわかります。しかし、**「何を目的とするのか」が明確でないと、判断が複雑になり、かえって混乱を招きます。**

まずは目的に沿った指標をひとつだけ選んで使ってみるとよいでしょう。

また、オシレーター系指標を使う場合には、「トレンドの有無」には特に注意しておく必要があります。なかでもRSIやストキャスティクスなどの過熱感を計る指標は、レンジ相場を前提として設計されているので、トレンドが発生した途端に機能しなくなるケースが多いのです。

機能を理解して使う

移動平均線などとは違い、オシレーター系のインジケーターは、機能を理解して使わないとノイズになることもあるため、とことん使いこなしてください

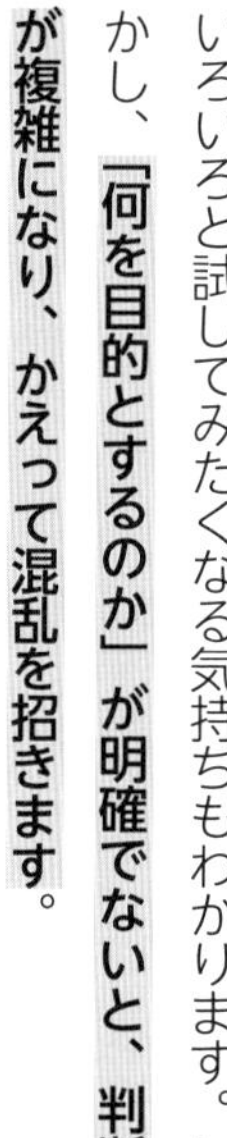

テクニカル09

穏やかなトレンドで逆張りに有効なRSI

RSIのメリットはとにかくシンプル

RSIは相場の売られすぎ・買われすぎを判断する指標で、「相対力指数（Relative Strength Index）」の頭文字を取ってこのように呼ばれています。1本のラインで表示されるため、シンプルでとてもわかりやすく、オシレーター系指標のなかでも特に人気のテクニカルです。

RSIの数値は0～100であらわされ、一般的には70%以上で買われすぎ、30%以下で売られすぎと判断します。

RSIの計算方法

期間が14のRSIを求める場合

$$RSI = \frac{A}{A + B} \times 100$$

A：直近14本の値上がり幅の平均
B：直近14本の値下がり幅の平均

一般的に日足では14日と設定して計算することが多いです

RSIを使った逆張り(買い)

[米ドル円　4時間足　2020年8月～9月]

チャートツールよっては、あらかじめ、そうしたゾーンにラインを引かれていることもありますが、そうでない場合は自分で引いておいたほうが基準が明確になります。

RSIの基本的な使い方としては「レンジ相場での逆張り」です。売りエントリーの場合、前提として、RSIが50%よりも上昇してきた時点で逆張りの準備をしておきます。

そして、**買われすぎゾーン（70%以上）に到達して、そこから戻ってきたタイミングで売りエントリーを行います**。下降時は、売られすぎゾーン（30%以下）に到達して、そこから戻したタイミングで買いエントリーを行います。

レンジかどうかは移動平均線やボリンジャーバンドなど、トレンド系のテクニカル指標を併用するとわかりやすいでしょう。併用するといっても、たとえば移動平均線を使う場合は、単に線の向きに注目するだけです。横ばいはレンジ、上向き・下向きのときはトレンド相場を表すので、「移動平均線が上向き・下向き

RSIを使った逆張り（売り）

[米ドル円　4時間足　2019年8月〜9月]

のときはトレードを行わない」という条件を加えるだけです。

そもそも、「買われすぎ」とはトレンド相場での水準からさらに買われることによって、一方向にレートが伸びていく動きのことです。そうした状況で逆張りトレードをしてしまうと、エントリー方向と逆に動きやすいので、避けたほうがよい場面なのです。

反対にレンジ相場であれば、突発的な急騰・急落があっても、上限・下限が意識されるので、レンジ内に戻されやすくなります。この動きがRSIの「買われすぎ・売られすぎ」から戻す動きと重なることが多く、「レンジ相場での逆張り」が機能しやすい理由なのです。

トレンドが発生しているときはダイバージェンスに注目する

ダイバージェンスとは「逆行現象」のことです。レートの動きを見るとトレンドが継続している状況で、オシレーター系指標が反対の動き（逆行）をすることが

ダイバージェンスを示すRSI

[米ドル円　15分足　2020年9月8日〜9日]

あります。そうしたときは、トレンドが転換する可能性が高くなります。

下降相場であれば、安値の切り下げが起こっている状況で、RSIの安値が切り上がっていればダイバージェンスです。ダイバージェンスについては、発生した時点でエントリーを行うという使い方よりも、トレンドの転換をいち早く見つけるという目的で認識したほうがよいでしょう。

また、この条件を満たしたからといって、必ずトレンドが転換するわけではないという点には注意しておく必要があります。

積極的に逆張りで取引

日本人は、逆張りが好きな人が多いことで有名です。私もダイバージェンスが出たときには、積極的に逆張りで取引することが多いです

切り上げ・切り下げ　高値が更新される・安値が更新されない値動きが続くことを切り上げといい、安値が更新される・高値が更新されない値動きが続くことを切り下げという

テクニカル10 売買タイミングが絞りやすいストキャスティクス

ストキャスティクスの計算方法

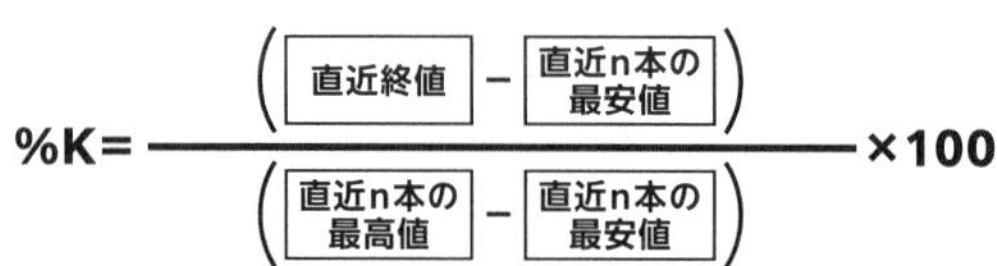

$$\%K=\frac{(\text{直近終値}-\text{直近n本の最安値})}{(\text{直近n本の最高値}-\text{直近n本の最安値})}\times 100$$

$$\%D=\frac{(\text{直近終値}-\text{直近n本の最安値})\text{の期間mの合計}}{(\text{直近n本の最高値}-\text{直近n本の最安値})\text{の期間mの合計}}\times 100$$

※%Dは%Kの期間mの単純移動平均

通常、nは14、9、5、
mは3で計算されます

レンジ相場での逆張りが効果的

相場の「買われすぎ」「売られすぎ」を判断する、もうひとつの代表的なオシレーター系指標がストキャスティクスです。

RSIは1本のラインでしたが、ストキャスティクスは「%K」と「%D」という2本のラインが用いられています。%Kは一定の期間の変動幅において、現状のレートがどの位置にあるのかを示したラインです。また、%Dは%Kを移動平均線として表示したものので、%Kよりも滑らかに動くのが特徴です。

ストキャスティクスを使った逆張り

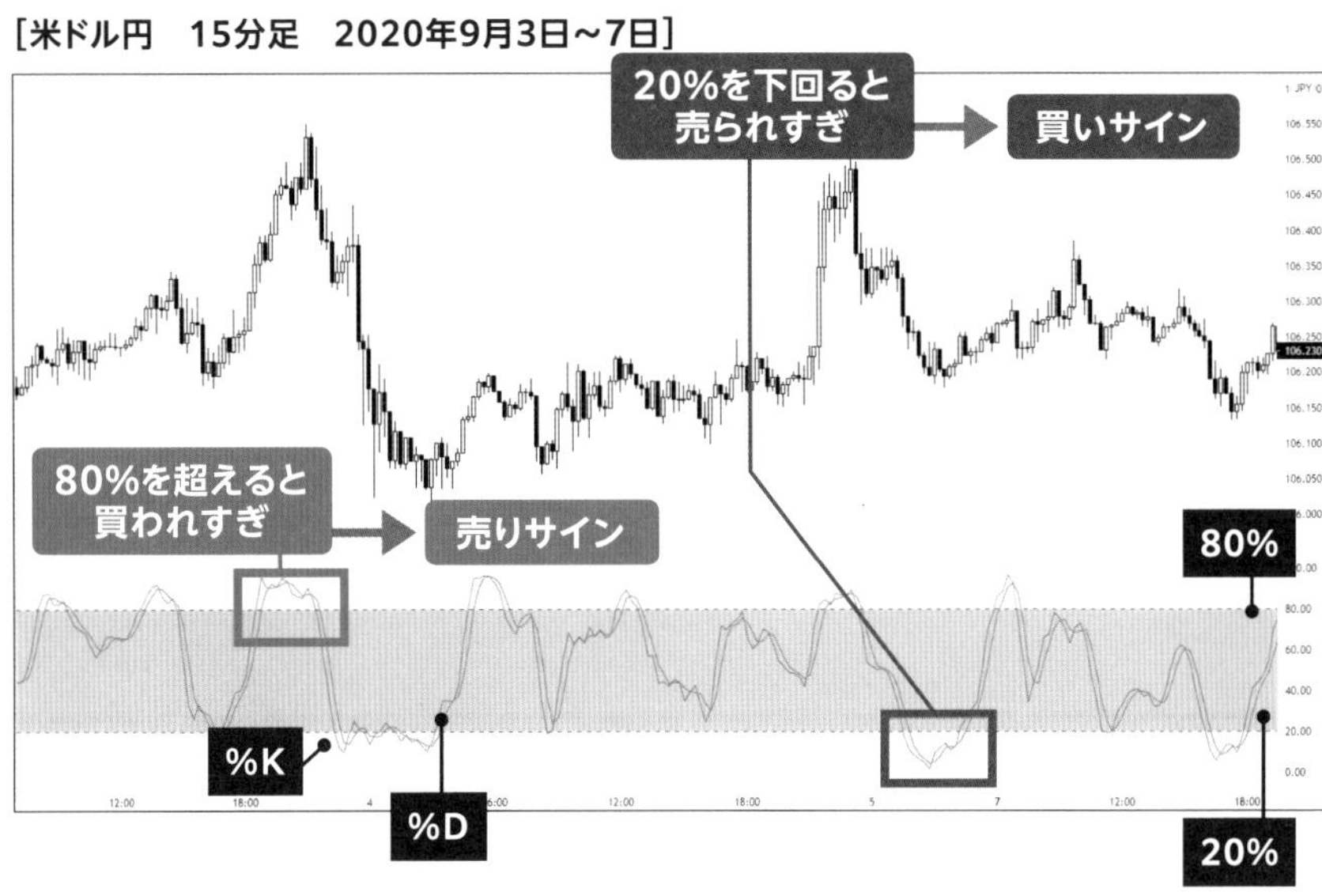

基本的な使い方としてはRSIと一緒で、**80%を2本のラインが超えたら「買われすぎ」、20%を超えたら「売られすぎ」と判断します**。トレンド相場では値動きに勢いがあり、サインが出ても転換しないことが多いので、レンジ相場に絞ったほうがよいでしょう。

また、応用的な使い方として、%Kの方が%Dよりも早く反応するという特性を使って、突発的な動きが起こった際には、%Kと%Dのクロスを基準にエントリーするのもひとつの手です。その際、エントリーの条件を「買われすぎ」「売られすぎ」の水準にある場合のみに絞ると、より精度が上がります。

クロスを判断の補助に

私はローソク足の形を重視しつつ、ストキャスティクスの%Kと%Dのクロスを補助判断ツールとして、売買のタイミングを測るときがあります

テクニカル 11

オシレーター系とトレンド系両方の特徴をもつMACD

MACDのしくみ

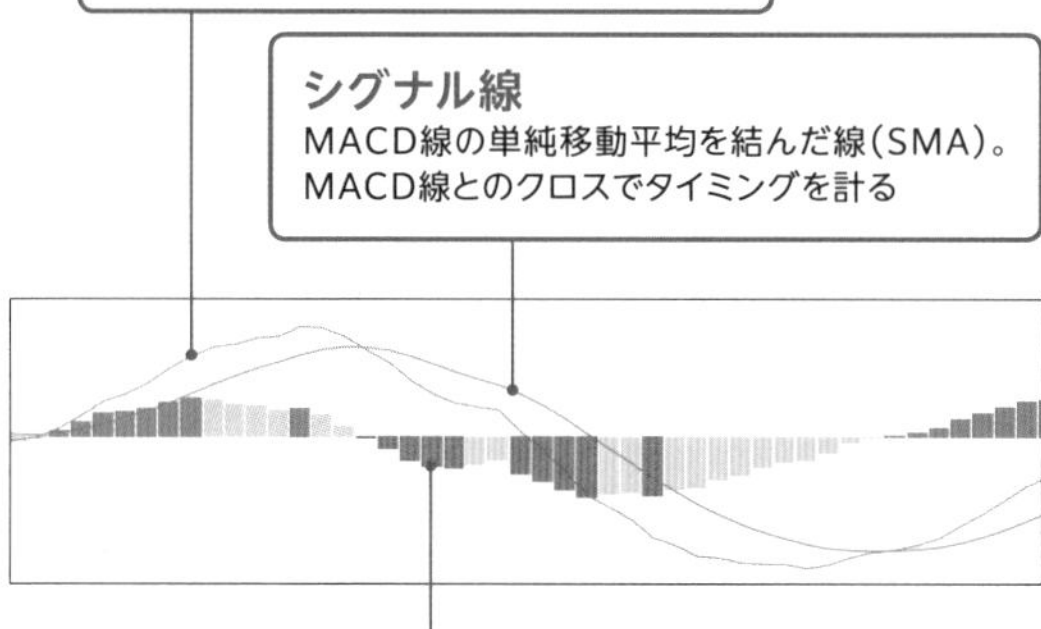

MACD線
「短期EMA−長期EMA」の値を結んだ線。2本の移動平均線の差を示している
シグナル線
MACD線の単純移動平均を結んだ線（SMA）。MACD線とのクロスでタイミングを計る
ヒストグラム
「MACD線−シグナル線」の値の棒グラフ。（MACD線とシグナル線の位置関係をわかりやすくしたもの

移動平均線をもとにしてつくられたオシレーター系指標

MACDは、2本の移動平均線（EMA）の収束と拡散を視覚化したもので、「Moving Average Convergence Divergence（移動平均、収束・拡散）」の頭文字を取ってこのように呼ばれている指標です。

MACDは「MACD線」「シグナル線」「ヒストグラム」という3つのパーツでできていて、**オシレーター系指標に分類されてはいますが、移動平均線をもとにしているため、トレンド系の性質も併せもつ指標です。**

0ラインでトレンドを判断

[米ドル円　1時間足　2020年8月7日～20日]

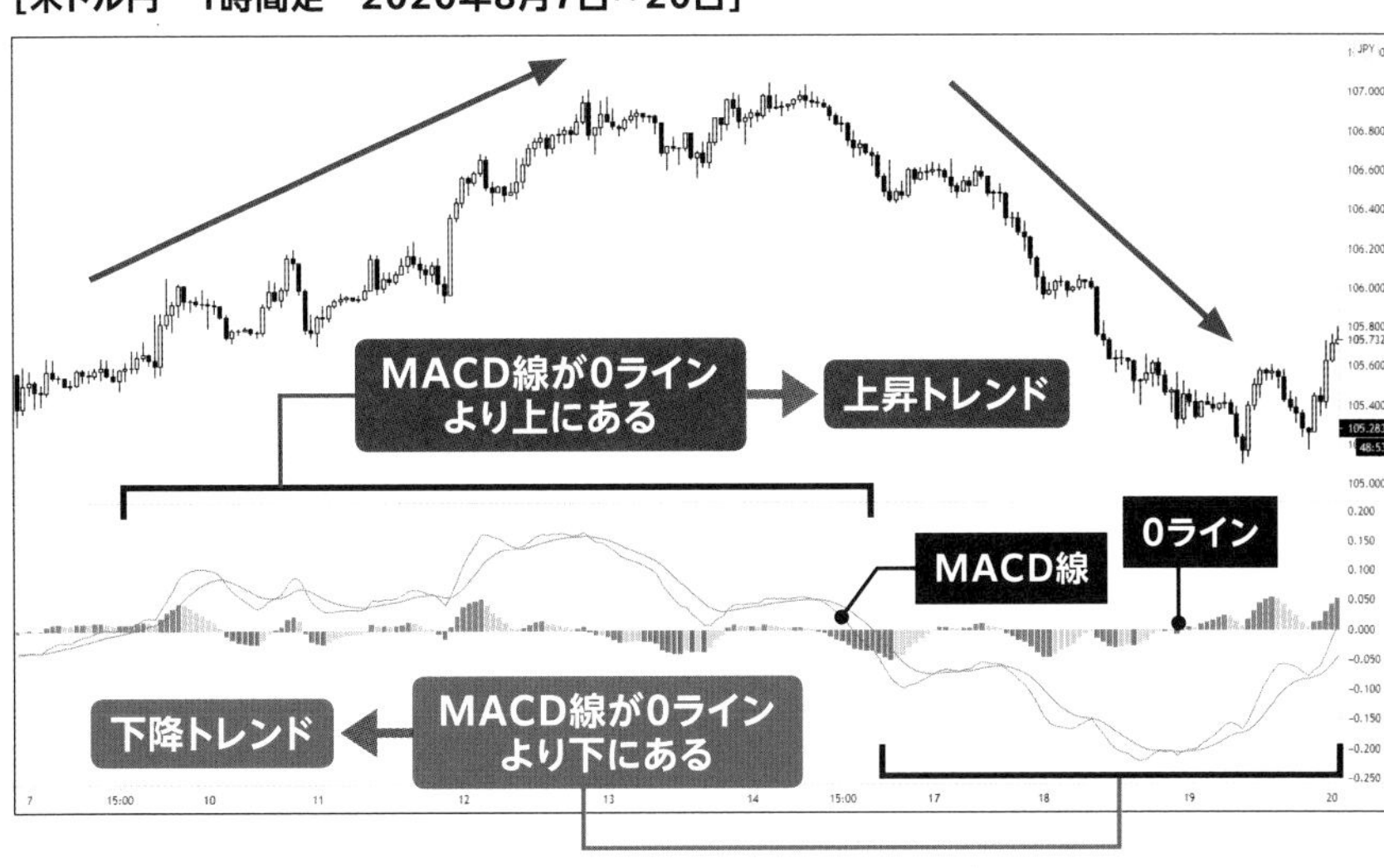

0ラインよりも上か下でトレンドを判断する

こうした特徴から使い方もいろいろとあり、トレンドの有無を分析することもできます。

MACD線は2本の移動平均線の間隔をグラフとして示しているため、MACD線が0ラインの上下どちらかにあるとき、2本の移動平均線の差は広がっていきます。

つまり、**MACD線が0ラインよりも上下どちらかで動いている場合、その方向にトレンドが発生していると考えることができます**。ここから、大きな視点として

①0ラインよりMACD線が下の場合は下降トレンド
②0ラインよりMACD線が上の場合は上昇トレンド

と分析することができますし、さらに、

③0ラインよりMACD線が上にあるが、折り返して下向きになっている＝上昇トレンドの勢いが弱くなってきている

MACD線とシグナル線のクロス

[米ドル円　15分足　2020年9月3日～7日]

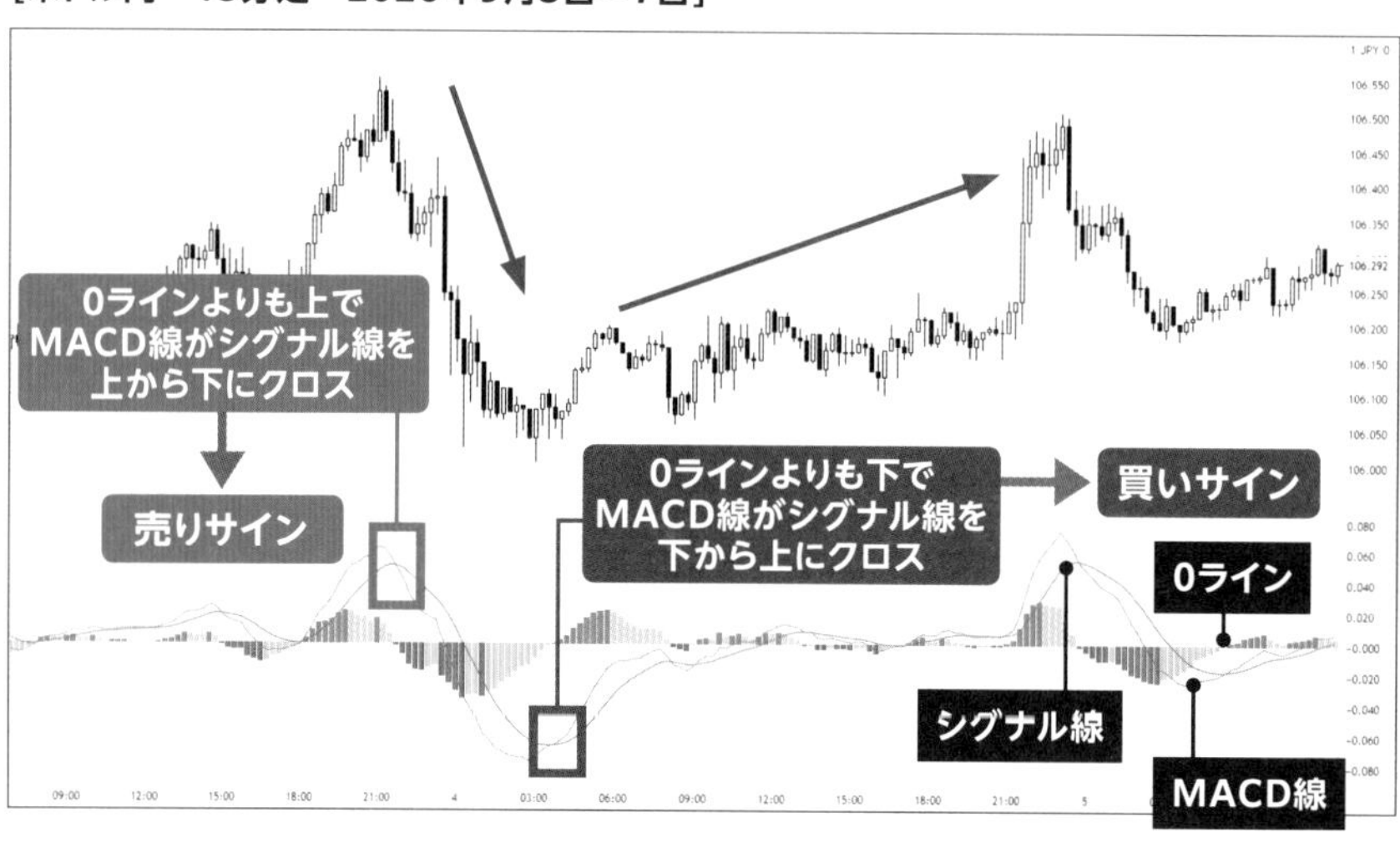

④0ラインよりMACD線が下にあるが、折り返して上向きになっている＝下降トレンドの勢いが弱くなってきている

と判断ができるのです。これがMACDを使ってトレンドの分析を行う基本的なやり方です。

MACD線とシグナル線のクロスでリバウンドを狙ったエントリー

MACDでエントリーできるポイントを見つける際には、「MACD線とシグナル線のクロス」に注目するやり方が、シンプルで取り入れやすいでしょう。

たとえば売りの場合はMACD線が0ラインよりも上で動いている状態で、シグナル線を上から下にクロスしたらエントリーします。買いの場合は、MACD線が0ラインよりも下で動いている状態で、シグナル線を下から上にクロスしたらエントリーです。

ただ、こうしたエントリーは、上昇・下降トレンドがある程度出た状態で、リバウンドを狙う逆張りとなります。

MACDのダイバージェンス

[米ドル円　15分足　2020年8月26日～31日]

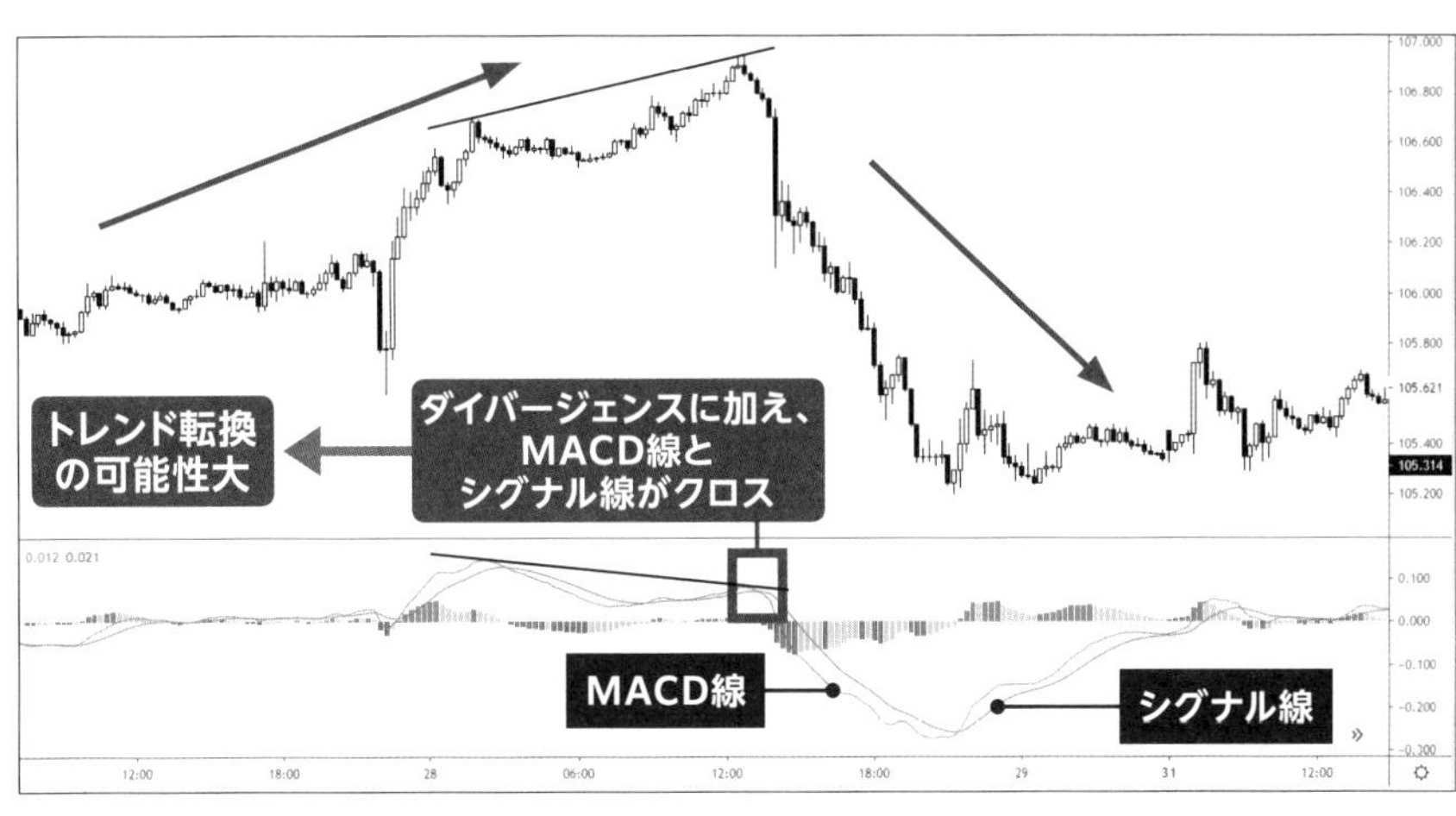

エントリー後、素直にリバウンドすれば問題はないのですが、少し反転したあとに、再度トレンド方向にレートが動いて、**MACD線とシグナル線のクロスが「ダマシ」になる可能性もあるので、損切り注文は必ず置いて対策しておく必要があります。**

また、MACDもRSIやストキャスティクスと同様にダイバージェンスが機能します。ダイバージェンスと、前述のMACD線とシグナル線のクロスが重なれば、よりレートが反転しやすくなるので、よく見ておいたほうがよいでしょう。

短い時間足で使う

私は短い時間足で取引をするときに、よくMACD線とシグナル線のクロスを参考にしています。ダイバージェンスが加わると、精度が上がってきますね！

COLUMN6

転換点がわかりやすいパラボリック

○ 点の位置でトレンドがわかる

トレンド系のテクニカル指標として、移動平均線とボリンジャーバンドを紹介しましたが、相場の転換点がわかりやすい指標に「パラボリック」があります。

パラボリックは「SAR」と呼ばれる点が放射線状に移動することで、トレンドを表す指標です。SARがローソク足の下にあるときは上昇トレンド、上にあるときは下降トレンドになります。上昇トレンドと下降トレンドで明確にSARの位置が変わるため、トレンドの転換点が一目でわかります。しかし、レンジ相場では売買サインが頻発してしまい、あまり機能しません。また、移動平均線やボリンジャーバンドと比べて計算が複雑なので、しっかりしくみを理解したうえで使いたいという人には、ほかのトレンド系指標のほうが使いやすいかもしれません。

トレンド相場に強く視覚的にわかりやすい指標が使ってみたい場合は、オススメの指標です。

［米ドル円　4時間足　2020年8月7日～26日］

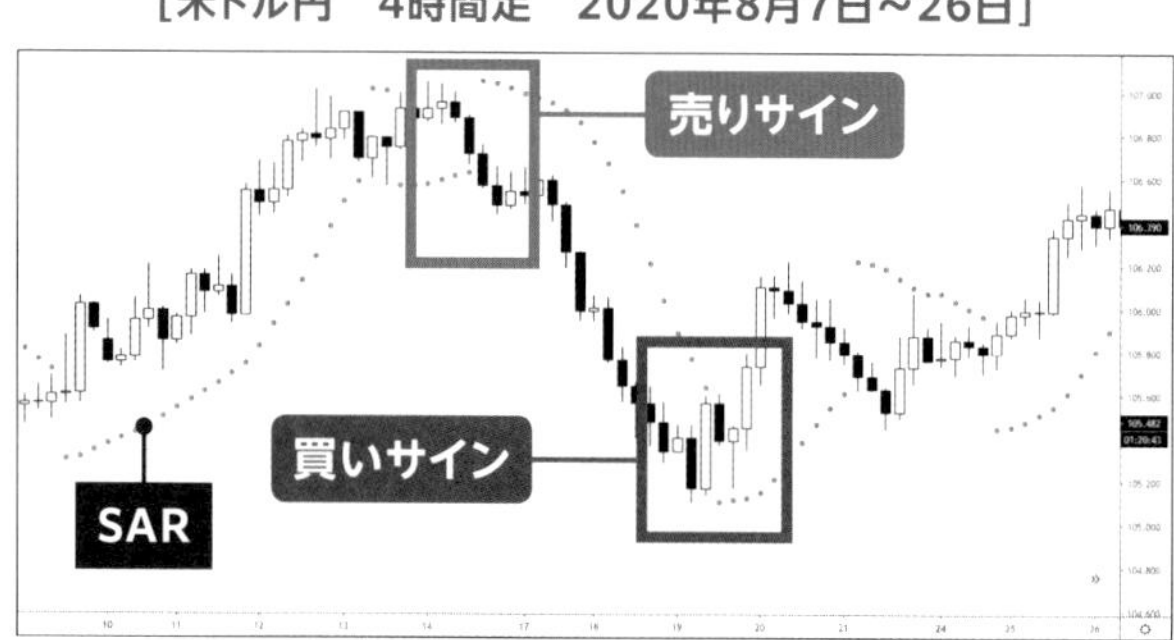

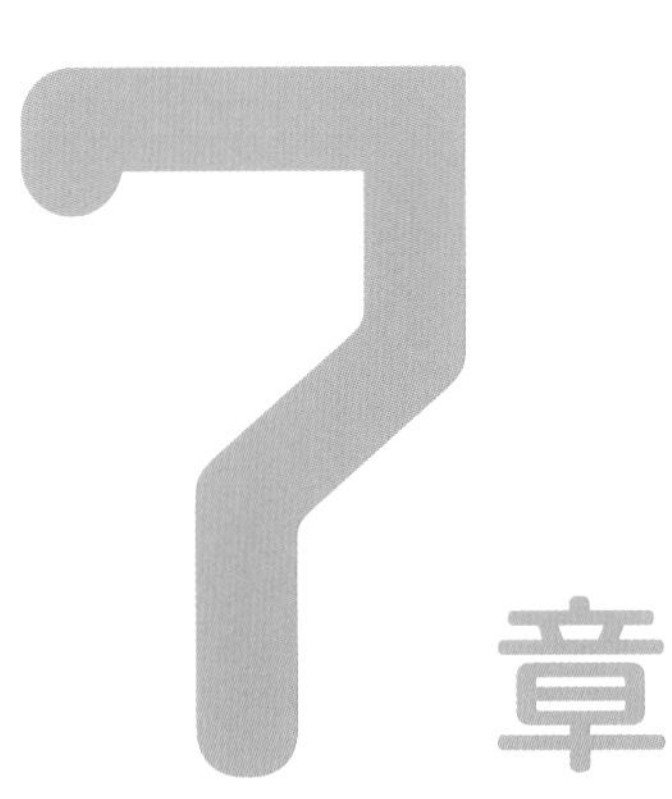

7章

経済状況から予測するファンダメンタルズ分析

経済の面から今後のレートを分析するのがファンダメンタルズ分析です。どんな点に注目すればよいのか解説します。

01

2国間の経済状況の差がレートの変動要因

レートは経済合理性に基づいた需要と供給で決まる

そもそも「為替レート」とは、NY、ロンドン、香港、シドニー、東京などの外国為替市場で取引された2つの通貨間の売買価格のことです。ただ、ここでの「市場」というのは具体的に直接通貨を取引するような場所があるのではなく、右記の都市間に置いて、銀行などでの取引が活発に行われている時間帯を示しています。

そうした市場における取引の結果として為替レートは常に変動しています。なぜ、レートが絶えず変化しているのかというと、需要と供給が変化しているからです。**市場のなかで発生する需要と供給は、基本的には経済合理性に基づいて決まります。**

つまり、ドル円の現在のレートが100円だったと仮定した場合、将来的に110円までレートが上昇すると予想している人にとっては、現在のレートでドル円を買っておくと「安く買うことができる」水準だといえます。

景気動向や金利、貿易収支などで長期的な方向性が判断される

そうした意味で、円を売って米ドルを買う人が多ければドル安/円安（米ドル円のレートでいえば上昇）

需要と供給を決める要因

その判断の要因は……

・景気動向　・金利　・貿易収支　など

アメリカより日本の経済状況がよければ、米ドル円の需要が増え、レートが上がる

現在のレート

通貨ペア	レート
米ドル円	100.000
ユーロ円	123.000
ポンド円	135.000

になりますし、円を買って米ドルを売る人が多ければドル安／円安（米ドル円のレートでいえば下降）になります。

為替のレートの多くは、こうした需要と供給のバランスによって変動しますが、特に**「長期的にどの方向に動くのか」という部分に関しては、景気動向や金利、貿易収支などといった要素も含めて判断されます。**

大まかにいえば、「2国間の経済状況の差」がレートの変動要因ということです。こうした要素を総合的に分析するのが「ファンダメンタルズ分析」です。

需給は基本中の基本

為替レートを決定づける要因はさまざまですが、需給は基本中の基本です。季節的な要因も需給に関係するので、アノマリーはきちんと把握しておきたいですね

02 為替の対顧客市場には個人と企業が参加する

市場にはインターバンク市場と対顧客市場の2種類がある

外国為替市場というのは大きく「インターバンク市場」と「対顧客市場」の2つに分類されます。インターバンク市場というのは、いわば卸売市場のようなもので、限定された金融機関のみが参加を許されている市場です。「銀行」「中央銀行」「ブローカー」といった参加者はここで資金の調達や運用を行います。

銀行は、顧客の求めに応じた実需取引や差益狙いの取引どちらも行い、中央銀行は為替レートの変動を制御する目的で取引を行います。ブローカーは通常、イ

インターバンク市場の構造

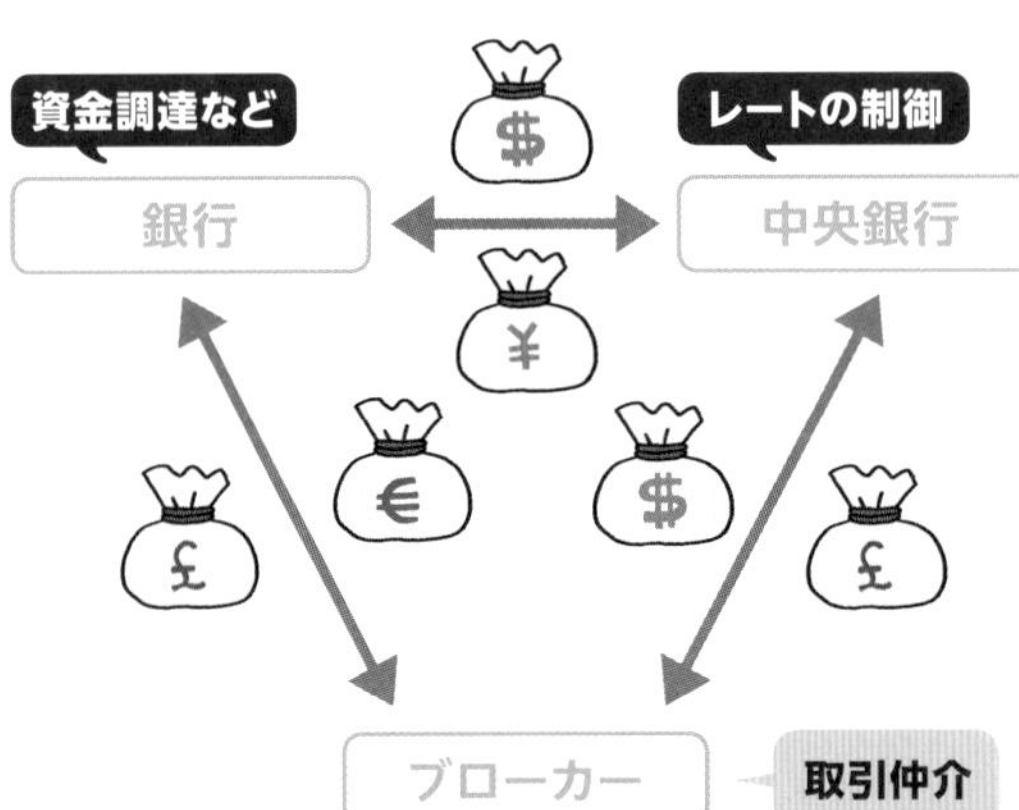

限定された金融機関のみが参加を許された、
いわゆる卸売市場。1口数億円以上の取引が行われる

対顧客市場の構造

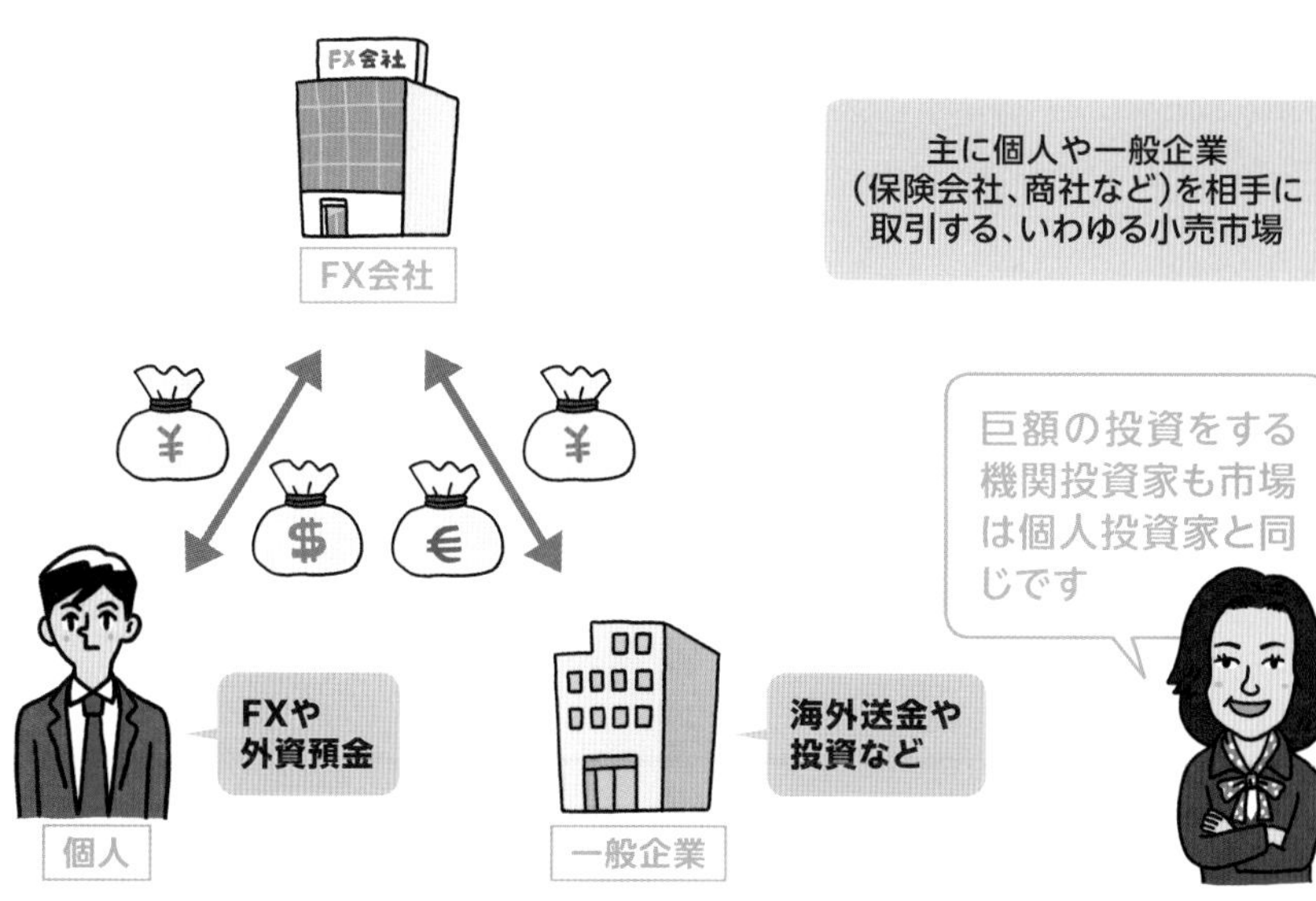

ンターバンク市場の取引を仲介する専門会社です。

一方、**対顧客市場は、個人や一般の法人などを相手に取引する、いわば小売市場です。**

私達が外貨預金やＦＸを行う場合は対顧客市場で取引していることになります。企業としては、商社や生命保険会社、投資信託の運用会社、機関投資家などが主に参加しています。

株では機関投資家の動向で大きく値動きすることがありますが、ＦＸでは市場規模が桁違いに大きいため、単独でレートを動かすのは難しいです。大口投資家の動向より、個人投資家全体の動向を追いましょう。

日本人投資家の規模

日本の個人投資家のフローはどんどん大きくなっており、対顧客市場のフローをさばくインターバンク市場の動きを左右するまでに成長しました

03 世界の政策金利レートを上下させる

中央銀行は政策金利を使って景気をコントロールする

為替レートは需給のバランスや、2国間の経済状況の差によって変動しますが、その際に判断の目安とされることが多いのが「政策金利」や「経済指標」（168ページ参照）です。

政策金利は中央銀行（米国であればFRB、日本であれば日本銀行）が、一般の銀行に融資を行う際の金利のことです。各国の中央銀行はこの政策金利を決定する権限を持っていて、景気の状況に応じて利上げや利下げを行います。

中央銀行の政策金利

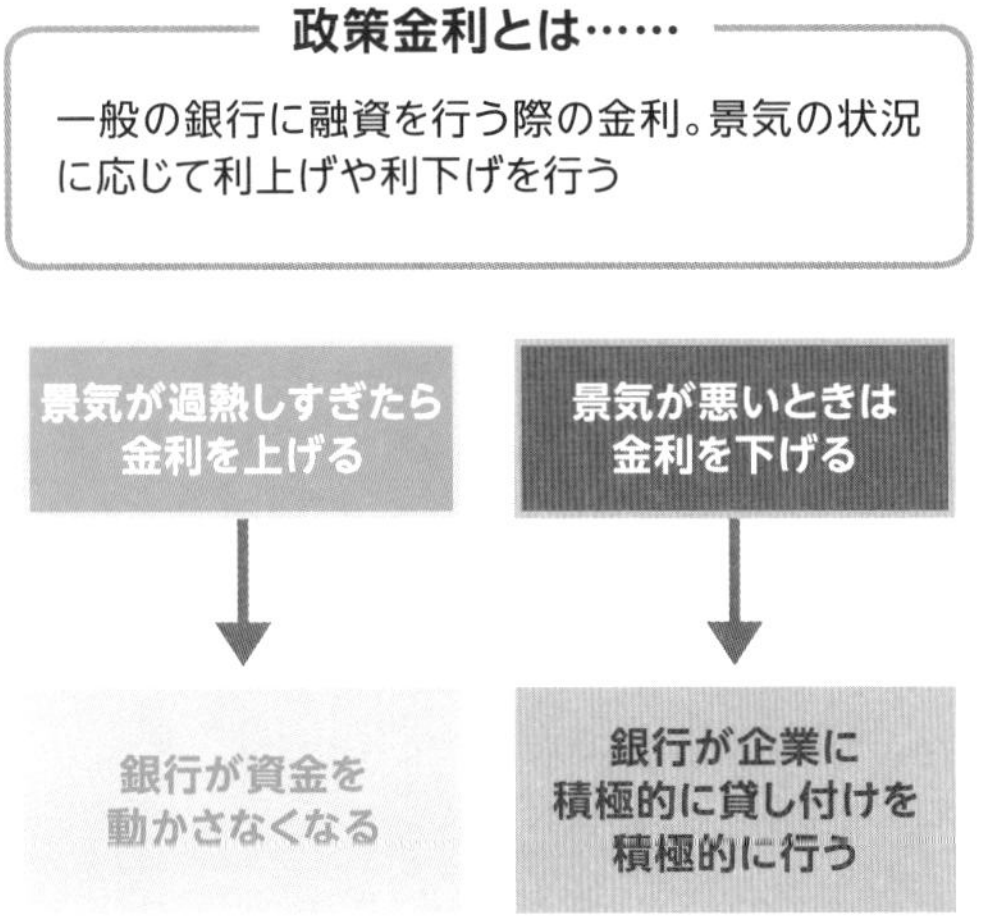

政策金利とは……

一般の銀行に融資を行う際の金利。景気の状況に応じて利上げや利下げを行う

景気が過熱しすぎたら金利を上げる	景気が悪いときは金利を下げる
↓	↓
銀行が資金を動かさなくなる	銀行が企業に積極的に貸し付けを積極的に行う

政策金利と為替レートの相関

リーマンショックによる景気低迷を避けるため、2008年にRBA(オーストラリアの中央銀行)が金利を引き下げ。合わせて豪ドル円も徐々に低下した

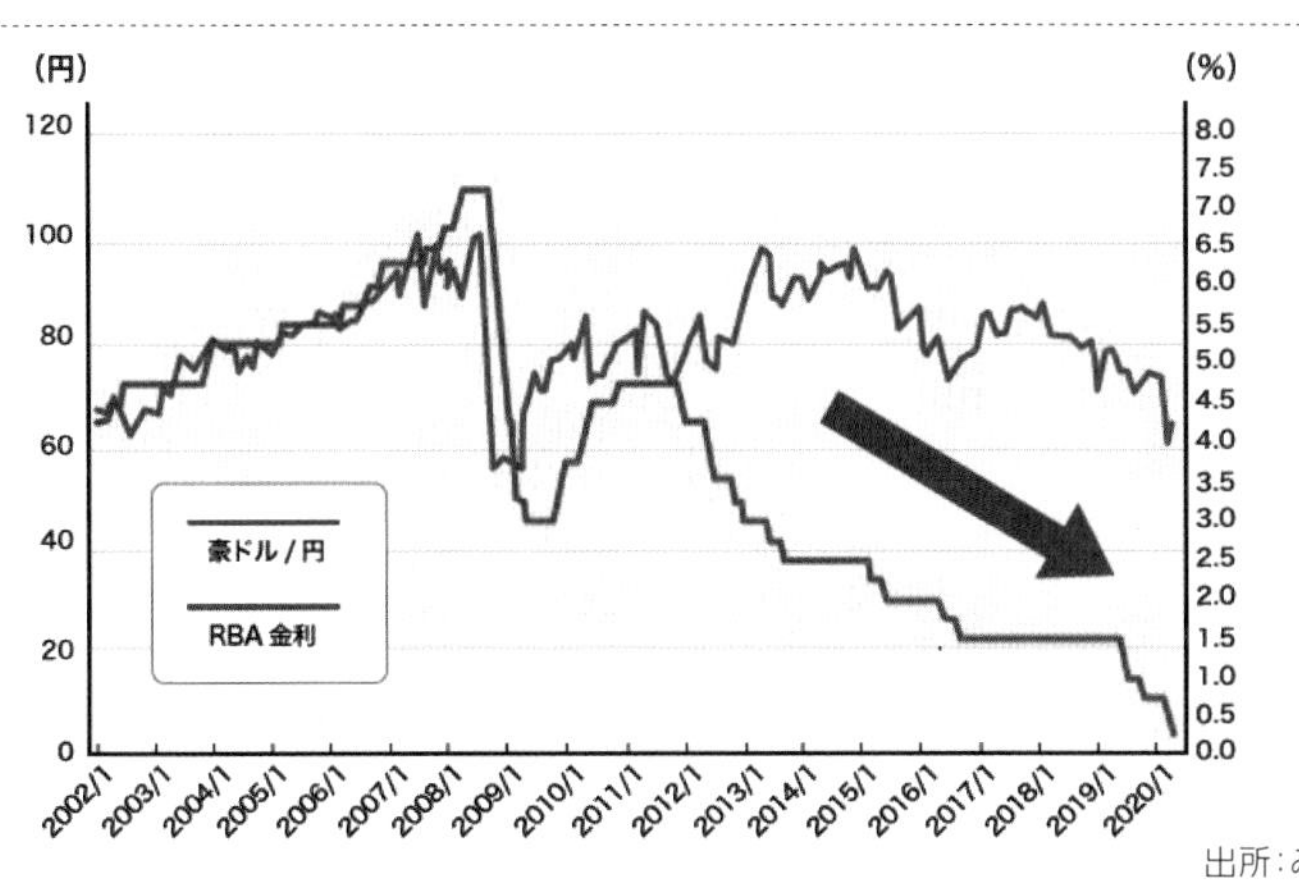

出所:みんなのFX

政策金利が下がると銀行が企業や個人に行う融資の金利も連動して下がるので、消費を刺激する効果があります。そのため、景気が悪化や停滞している状況では中央銀行が政策金利を下げます。

反対に政策金利を上げると、連動して企業や個人の消費は鈍くなりますが、景気が過熱しすぎると急激な物価の上昇を招くので、そうした状況下では過熱感を落ち着かせる効果があります。

つまり、**景気の状況によって、中央銀行が過熱感や停滞をコントロールするために行われるのが政策金利の変更なのです**。

また、為替レートへの影響という視点で見ると、政策金利が上がるとその国の通貨は買われやすくなり、反対に金利が下がると、その国の通貨は売られやすくなると考えるのがセオリーです。

日本においては、2016年に金融政策として「長短金利操作付き量的・質的金融緩和」が導入され、金利がマイナスになりました。金利がマイナスなので、日銀に預金している金融機関は預けている分の金利を

長短金利(略)金融緩和 2016年に日本銀行によって、導入された、従来の「量的・質的金融緩和」と「マイナス金利付き量的・質的金融緩和」を強化する、新たな金融緩和のこと

日本の政策金利とレート

[米ドル円　週足　2015年11月～2016年12月]

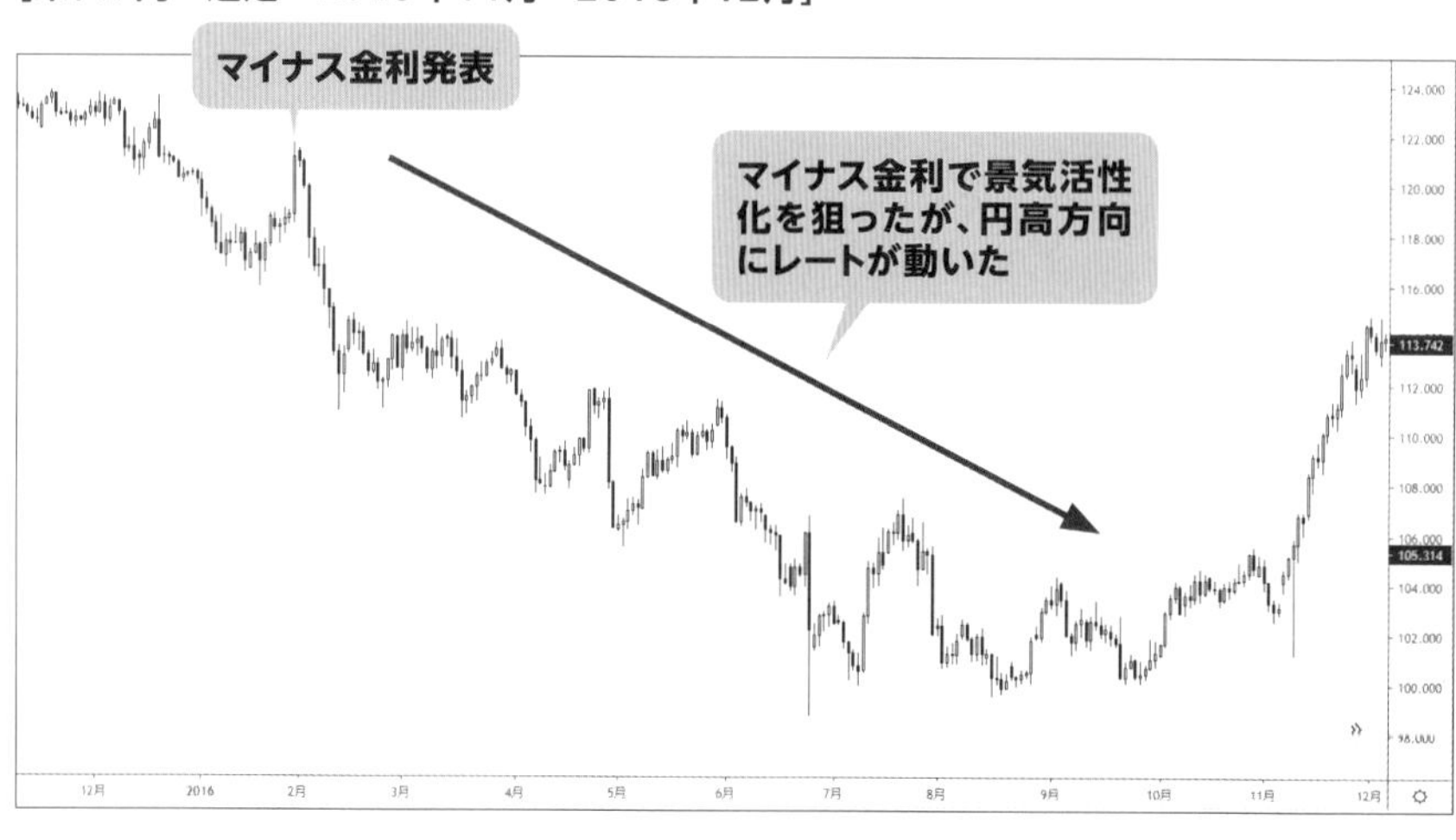

払わなければいけなくなります。企業への貸し出しを促し、経済を活性化することが目的です。

通常、金利を下げるとその国の通貨が売られるので、日本では円安になるのですが、2016年の導入時は思惑とは裏腹に円が買われ、円高方向にレートが動いてしまいました。

「政策金利発表」は必ずチェックしておく

中央銀行は利下げ・利上げ以外にも、量的緩和政策などを行う権限を持っていて、そうした金融政策を定期的に検討する会合を行っています。この会合で金融政策の変更があった場合は、為替市場にインパクトが出る場合が多いので注目しておくべきイベントのひとつです。また、政策に変更がなくても、**会合の結果を発表する声明文や、中央銀行関係者のコメントは今後の中央銀行のスタンスを把握するうえで重要なヒントになる場合も多く**、状況によってはニュアンスひとつで相場が動くこともあります。

量的緩和政策　中央銀行が景気や物価を下支えするために、市場に大量に資金を供給して現金・預金残高などの量を増やす金融緩和政策のこと

政策金利発表予定の確認方法

2020年 - 各国政策金利

FX 初心者コーナー　Q&A　リスク
2020年09月25日 更新

取扱通貨国	政策金利名	政策金利	変更幅±	改正日
日本	日本銀行当座預金のうちの超過準備預金の金利（短期）	-0.10%	-	2016年01月29日
米国	フェデラルファンド(FF)金利	0.00%〜0.25%	-1.00%	2020年03月15日
ユーロ	中銀預金金利 リファイナンス金利 限界貸付金利	-0.50% 0.00% 0.25%	-	2019年09月12日
英国	準備預金金利	0.10%	-0.15%	2020年03月19日
豪州	キャッシュレート	0.25%	-0.25%	2020年03月19日
NZ	オフィシャル・キャッシュレート	0.25%	-0.75%	2020年03月16日
カナダ	翌日物金利	0.25%	-0.50%	2020年03月27日

各国の政策金利に加え。政策金利の発表スケジュールも確認できる

出所：マネックス証券「2020年－各国政策金利の発表予定（現地時間）」

金融政策の決定や、その後の記者会見は年度ごとに日程が予め決められています。

たとえば、マネックス証券の「2020年各国政策金利の発表予定（現地時間）」などを使えば、最新の各国の政策金利だけではなく、政策金利の発表スケジュールも一覧で確認することができます（上図参照）。

ファンダメンタルズを用いた中長期のトレードを行う場合はもちろん、短期のトレードを行う場合でも、こうしたイベント時にはレートが大きく動きやすいので、チェックしておいたほうがよいでしょう。

金利の変更に注意

値動きに大きく関係するので、自分が取引する通貨の政策金利は必ず頭のなかに叩き込み、変更があった場合にはすぐに気付けるようにしましょう

04

世界の経済指標 レートを上下させる

米国雇用統計の数字がよいと短期的にレートが大きく動く

「経済指標」は各国の政府機関や中央銀行などが定期的に発表する経済に関する統計のことで、経済規模の大きな国の発表は為替レートの変動につながることが多く、ファンダメンタルズ分析を行う際には金利政策と並び重要な要素です。

代表的なのが米国の雇用関連のデータをまとめて、毎月初週の金曜日に発表する「米国雇用統計」です。**指標の数字がよければ米国経済の拡大につながるため、短期的にレートが大きく動く傾向があります。**

おもな経済指標

おもな経済指標

- 米国雇用統計
- 小売売上高
- 鉱工業の生産高
- GDP
- 景況感指数
- 国際収支

米国雇用統計：毎月初週の金曜日に発表され、短期的にレートに影響を与えやすい

景況感指数：特に注目度が高いのは、ZEW景況感指数(ドイツ)、IFO景況感指数(ドイツ)、米国消費者信頼感指数(米国)など

米国雇用統計発表後のレート

[米ドル円　15分足　2020年8月7日〜10日]

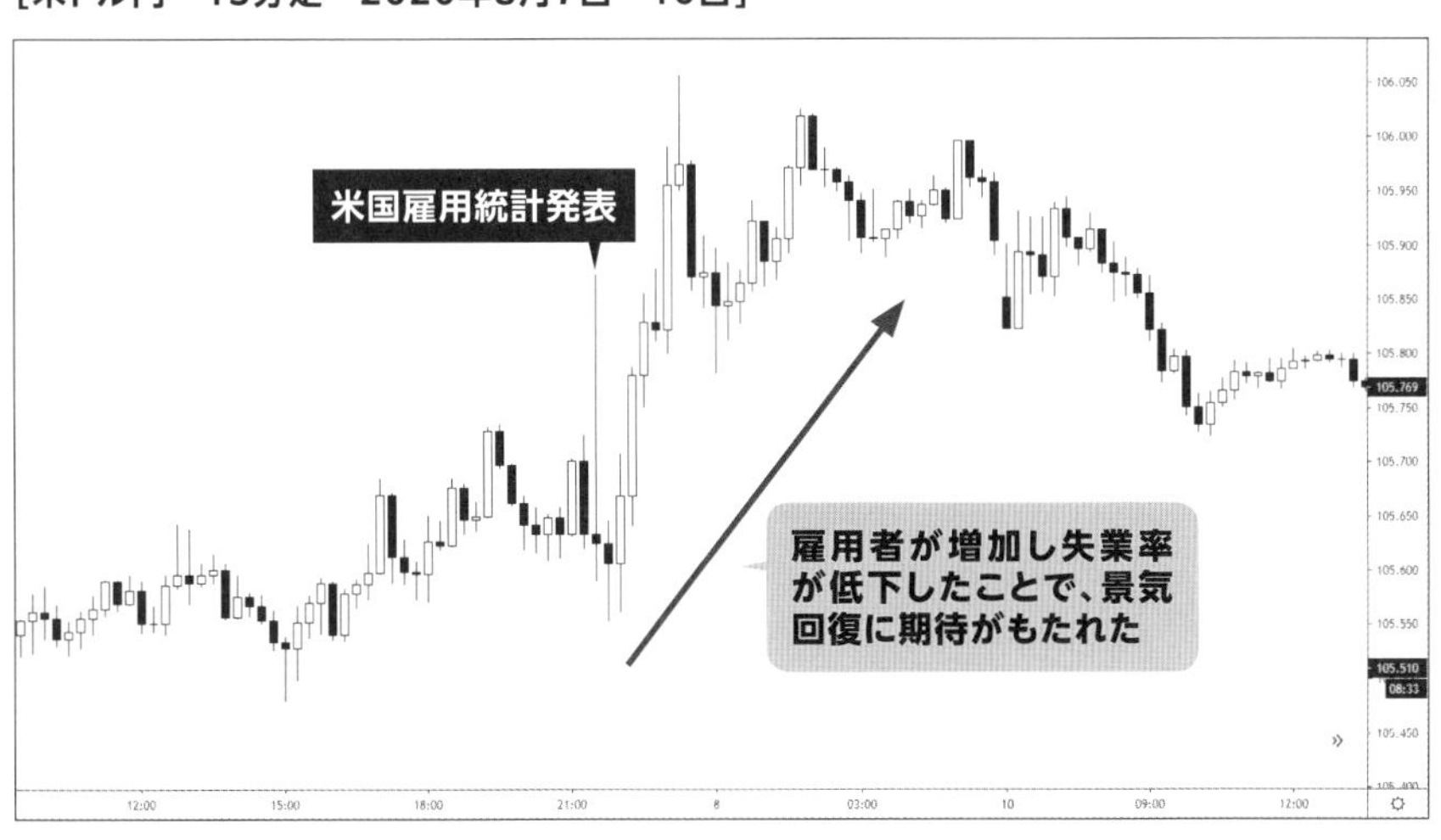

ほかにも、毎月中旬に発表され、米国の小売業者の売上額をまとめた「小売売上高」は個人の消費全体の傾向を把握するうえで重要な指標のひとつです。この指標と合わせて確認しておきたいのが、各国の鉱工業生産に関する指標で、自動車、ＩＴ、電化製品など、ジャンルごとの生産高を示したものです。こちらも消費動向を分析するために有用です。

その国の全体的な景気動向を確認するのには「ＧＤＰ」や「景況感指数」を参考にするとよいでしょう。また、ＦＸは2国間の取引なので経常収支や貿易収支などの「国際収支」も重要視されます。

総合的に分析する

経済指標は景気動向、消費傾向、景況感関連などにわかれています。事前のコンセンサスとの違いや前月との比較、値動きなどを総合的に分析し、戦略を立てましょう

05 ファンダメンタルズを見れば相場がわかる

ファンダメンタルズはテーマと関連指標で分析する

ファンダメンタルズ分析は、2国間の政策金利の差や、経済状況（GDP、物価、貿易収支）などの指標を参考に、為替の方向性を見極める手法です。

そのため、ファンダメンタルズ分析は「〇〇だけを見ていればよい」というものではなく、FX市場に影響を与える政治・経済などあらゆる事象を対象して分析する必要があります。

ですから、**テクニカル分析と比べて広く知識を持っておかなければなりませんが、その分、チャート上では見えない中長期の方向性を判断できるという点でメリットがあります。**

2012年以降、米ドル円が75円台から125円台まで上昇

たとえば、オーストラリアは鉱物資源が豊富であり、その資源を輸出する主なマーケットが中国であるため、2国間の経済的な結びつきが非常に強いです。そのため、オーストラリア経済は中国の景気動向に左右されやすく、米中間の経済規制強化や中国国内の経済状況悪化といった問題が出た場合、豪ドルが売られる傾向があります。

2012年以降の米ドル円の推移

［米ドル円　週足　2011年11月～2016年1月］

また、2012年以降、約3年で米ドル円が75円台から125円台まで上昇しましたが、これは自民党に政権交代して以降、政権与党の「通貨安政策」への期待が高まり、世界中の金融機関が円売りを行った結果です。

つまり、この政策発表時に各国の反応を予想し、円を買えていれば、大きな利益を上げられたのです。

あくまで一例ですが、ファンダメンタルズ分析はこのように、**その時々の「市場で注目されるテーマ」と「そのテーマに沿った金利や経済指標」について状況分析し、仮説を立てていく**のが基本となります。

分析の幅が広がる

相場の先読みや分析をするには、ファンダメンタルズの基礎知識が必須です。時間がかかるかもしれませんが、これがわかれば相場分析の幅が大きく広がります

通貨安政策　輸出拡大などを目的として、各国が為替介入などを通じてお互いに自国の為替レートが通貨安になるよう誘導すること

指標発表やイベントの直後は短期取引のチャンス

リスクも高いので トレードするなら戦略が必要

デイトレードなどの短期トレードをする場合、指標発表のタイミングは見逃せません。FOMC（米国連邦公開市場委員会）やECB（欧州中央銀行）などの**政策金利決定会合や、米国雇用統計などの経済指標は、各国の通貨が今後、どのような方向に進むのかという見通しを立てる際に重要な材料となります。**

特に中長期の手法では、こうした材料をもとに売買判断をしていきますが、実際には経済指標や政策金利の発表直後にピンポイントでポジションをつくるわけではありません。

しかし、こうしたイベントが起こる際には短期的にレートが上下するという現象がよく起こります。これは中長期でポジションを取るトレーダーの動きを先に織り込んで、短期のトレーダーなどがその動きを取りにくるからです。

指標や政策金利の発表時はレートが上下しやすい

スキャルピングをはじめとした、超短期のトレードで利益を出すためにはとにかく「値動き」が必要です。その意味で、**指標や政策金利の発表時は相場のボラ**

FOMC　アメリカの金融政策を決定する会合のこと。日本における日銀金融政策決定会合

ジャクソンホール前後の値動き

[米ドル円　5分足　2020年8月27日～28日]

発表直後にレートが上昇するものの、すぐに元の水準に戻った
毎年8月下旬にアメリカのジャクソンホールで行われるシンポジウム。米国の中央銀行でもあるFRBのパウエル議長の発言が注目される

ティリティが高くなるのでレートが上下しやすく、短期取引のチャンスとなります。

ただ、FOMCなどは、市場関係者の事前予想（コンセンサス）などである程度知ることができますが、レートが常にその通りに動くわけではありません。そのため、ファンダメンタルズのセオリーだけでエントリーしてしまうと、ギャンブルになりやすいので注意が必要です。

超短期のスキャルピングでない限りは、発表後、レートの方向性が短期的に固まった段階でのエントリーに絞ったほうがよいでしょう。

何が織り込み済みか

短期取引には、ボラティリティが不可欠。経済指標や金融政策会合での取引では、コンセンサスだけでなく、何が織り込み済みかもきちんと調べましょう

ボラティリティ　価格の変動の激しさを表している。ボラティリティがないということはレートが動かないことなので、特に短期取引で利益を上げるのが難しくなる

07 「外貨注文情報」で顧客の注文情報を確認

業者ごとの顧客の注文情報を確認できるツール

ファンダメンタルズとは少し違いますが、トレードを行う際に参考になる情報のひとつとして「注文状況」があります。

これは、FX会社のなかで、顧客の未決済のポジションや、指値・逆指値などがどれだけあるかを知ることができるツールのことです。

たとえば外為どっとコムでは「外貨注文情報」、OANDA JAPANでは「オープンオーダー」「オープンポジション」として公開されています。株における「板情報」と同じです。

指値・逆指値の注文情報は、将来的にレートの動きが加速したり、反転するポイントを予め想定する際に使います。

たとえば買いの逆指値注文というのは、売りのポジションを持っているトレーダーの損切り注文です。仮に直近のレートの少し上に買いの逆指値注文が溜まっている状態で、レートが反転して上昇した場合、この逆指値注文が執行されることになります。

つまり、大量の買い注文が入るため、上昇の勢いが加速するポイントになると想定することができるのです。

外為どっとコムの外貨注文情報

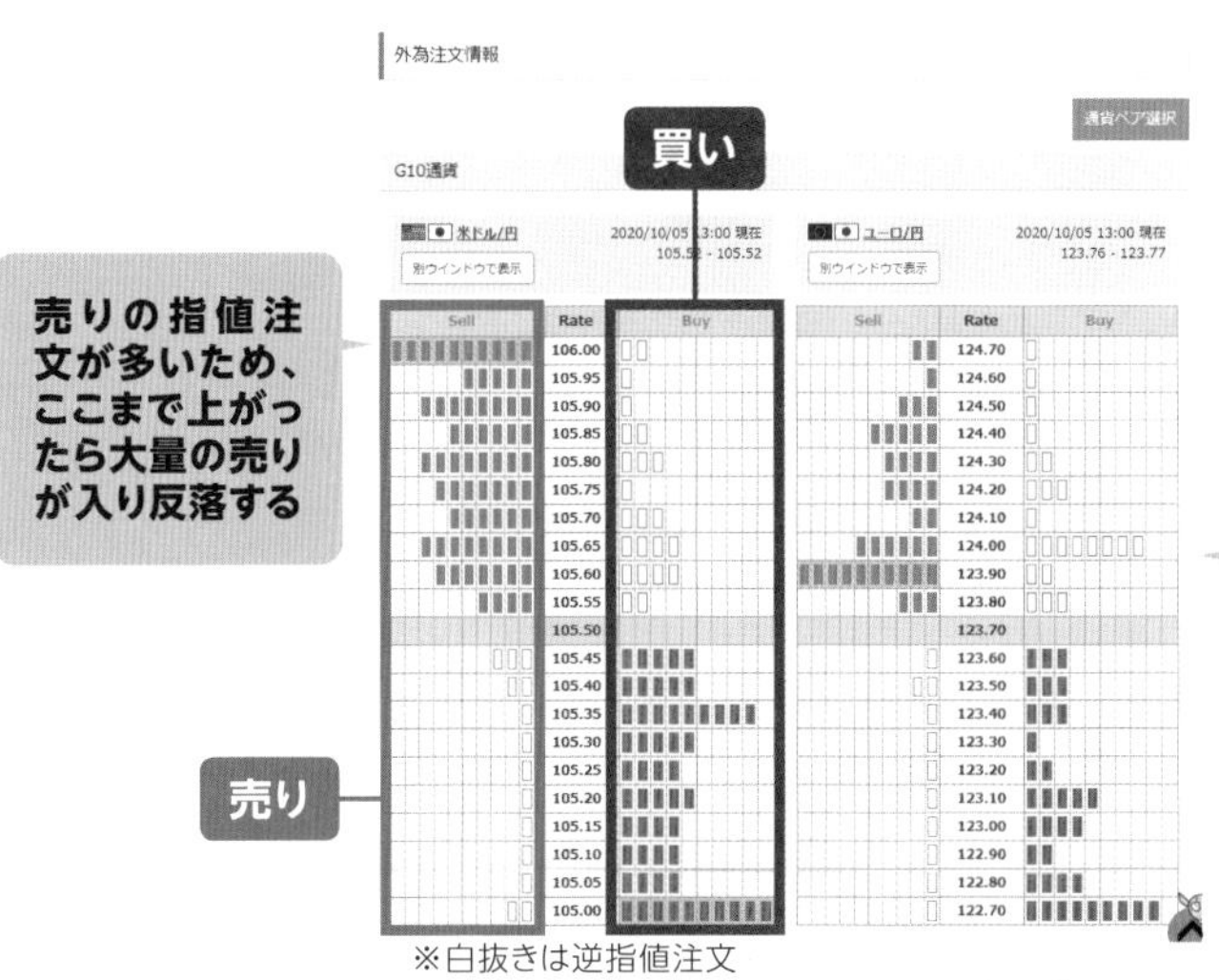

※白抜きは逆指値注文

出所：外為どっとコム

為替市場全体の状況を示すものではない点に注意

ただし、注意しておかなければならないのが、**外貨注文情報はあくまでその1業者における顧客の情報**なので、為替市場全体の状況を示すものではないという点です。

相場の主役である機関投資家のポジションは反映されません。そのため、「個人トレーダーはどのように考えているのか」をイメージする際に参考にする材料のひとつと考えておくとよいでしょう。

ポジションの傾き

シカゴIMM通貨先物のポジションの傾きは、世界中のトレーダーが注目しています。大きく一方に傾き始めたら、トレンドが転換する合図かもしれません

シカゴIMM通貨先物 先物取引所として有名な、アメリカのシカゴマーカンタイル(CME)で取引されている通貨先物市場のこと。相場の変化に大きく影響を与えている

COLUMN7

金利差で得られるスワップポイント

スワップポイントで利益を得よう

FXでは、為替差益以外の利益を出す方法があります。スワップポイントと呼ばれる２国間の金利の差を利用した方法です。

日本の金利は2020年９月時点で−0.1％という超低金利ですが、世界でも高金利な国として、トルコが挙げられます。2020年９月時点で10.25％、10年間の間に最高24.0％の月もありました。日本円のような低金利通貨を売って、トルコのリラのような高金利通貨を買うと、その金利の差額を受け取ることができます。これがスワップポイントです。金額こそ大きくはないですが、毎日付与されるので、大変魅力的な利益だといえます。

しかし、スワップポイントはもらえるばかりとは限りません。反対に、高金利通貨を売って低金利通貨を買うと、その金利の差額を支払うことになります。預金感覚で思わぬ損失を生まないよう、注意が必要です。

為替差益だけではなく、スワップポイントも意識してみると取引の幅が広がるでしょう。

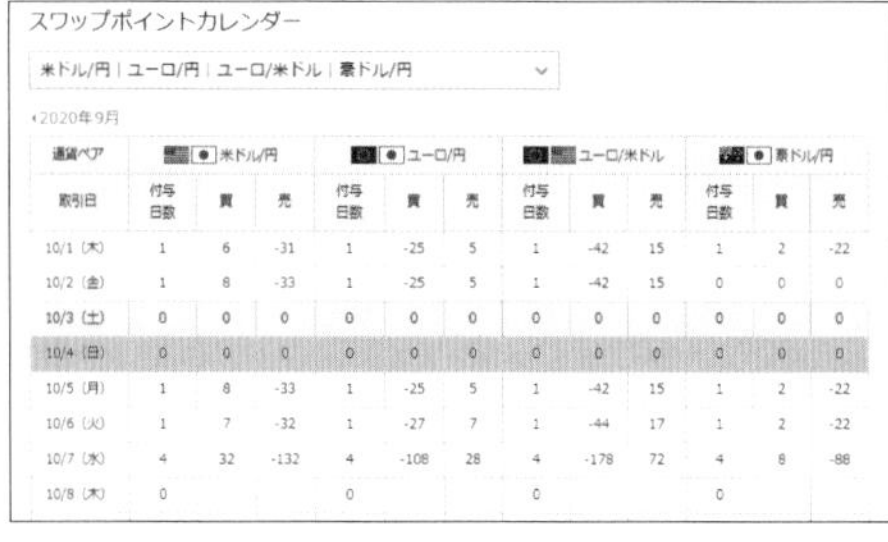
スワップポイントカレンダー

米ドル/円 | ユーロ/円 | ユーロ/米ドル | 豪ドル/円

‹2020年9月

通貨ペア	米ドル/円			ユーロ/円			ユーロ/米ドル			豪ドル/円		
取引日	付与日数	買	売	付与日数	買	売	付与日数	買	売	付与日数	買	売
10/1（木）	1	6	-31	1	-25	5	1	-42	15	1	2	-22
10/2（金）	1	8	-33	1	-25	5	1	-42	15	0	0	0
10/3（土）	0	0	0	0	0	0	0	0	0	0	0	0
10/4（日）	0	0	0	0	0	0	0	0	0	0	0	0
10/5（月）	1	8	-33	1	-25	5	1	-42	15	1	2	-22
10/6（火）	1	7	-32	1	-27	7	1	-44	17	1	2	-22
10/7（水）	4	32	-132	4	-108	28	4	-178	72	4	8	-88
10/8（木）	0			0			0			0		

スワップポイントカレンダーで各通貨ペアのスワップポイントの変化を確認できる。自分が取引する通貨ペアは確認しておくとよい。

出所：外為どっとコム

0章

資金管理をして
トレードの成績を向上

投資で最も重要なのが資金管理。勝率を上げても資金管理ができなければ生き残れません。FXで生き残るための考え方を紹介します。

資金管理 01

トレード技術よりも大事なのは資金管理

利益を残すトレードとは

投資で勝率100%は不可能

➡ **利益を残すには資金管理が重要**

分析・トレードの方法を身に着ける ＋ 資金管理のルールづくりを行なう

勝てるトレードの近道

どれだけ勝率を上げても資金管理次第で負ける

ＦＸを始めるにあたっては、「どのような手法を使うのか」「テクニカル指標は何を使えばよいのか」といった部分に関心が集まりがちです。もちろん、利益を出すためには一定のルールに沿ったトレードを行う必要があるので、そうしたことももちろん重要なのですが、それ以上に重視すべきは「資金管理」です。

投資全般において、「勝率100％」というパフォーマンスを出すことは不可能です。そのなかで、「負けトレードをどれだけ減らせるか」が手法の精度に関

間違ったトレードの例

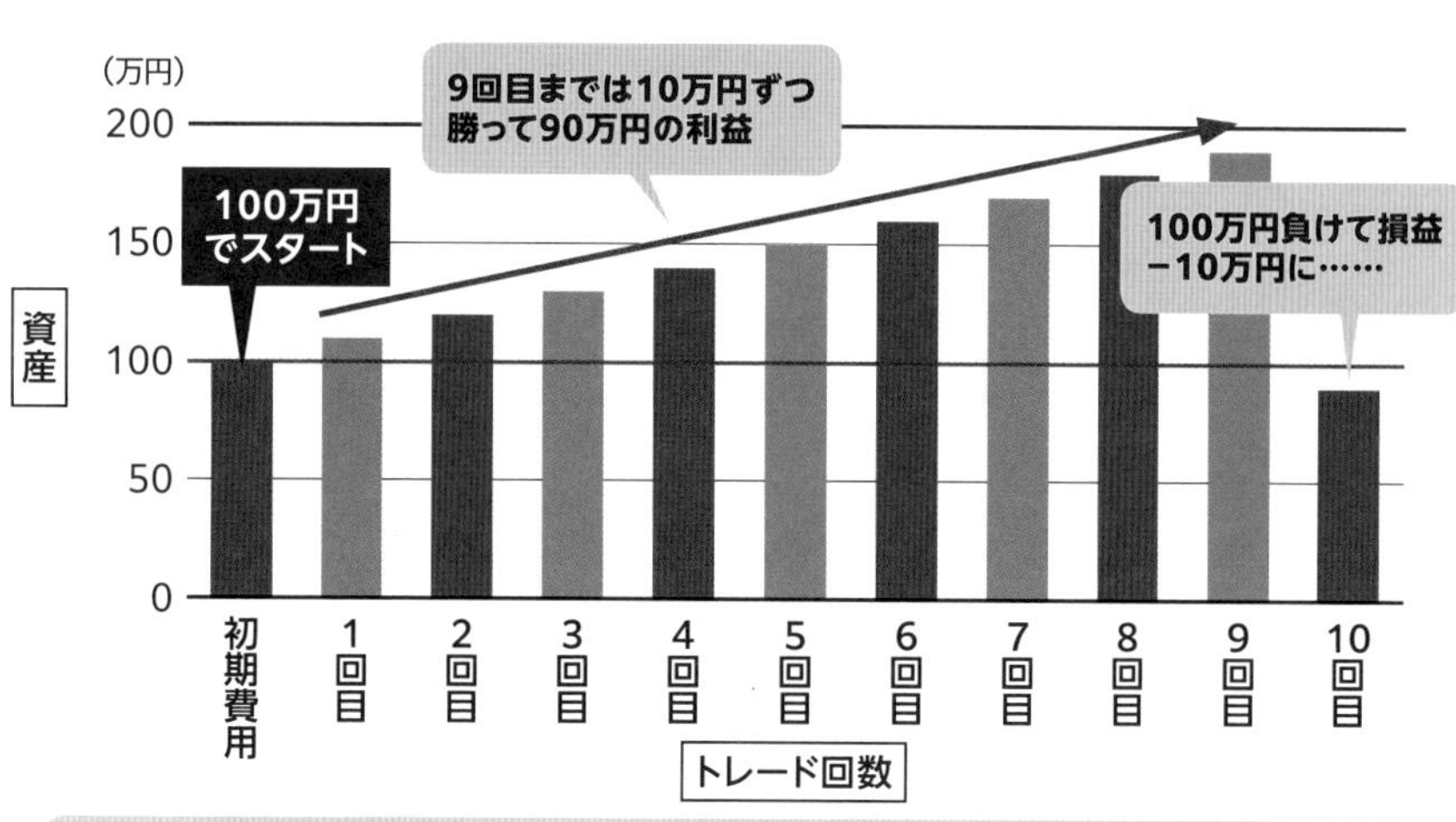

勝率9割でも**資金管理**ができていないと損益はマイナスになってしまう

わってきます。

仮に手法の精度を高めて勝率9割まで持っていけたとして、10回のトレードのうち勝ったトレードで10万円ずつの利益を出していても、1回の負けで100万円の損失を出してしまえば、トータルで10万円損するトレードだということがわかります。

つまり、どれだけ勝率を上げても資金管理ができていなければ、利益を残すトレードはできないのです。その点を考慮すると、**分析やトレードのやり方を身に付けると同時に資金管理のルールづくりも行うことが、トレードの成績を向上させる近道となります。**

遠回りでもまず勉強

株やFXをする際に最も大切なのが、資金管理です。これを勉強せずに始めると、「投機」になりやすいので、遠回りでも必ず勉強しましょう

02 エントリーする前に損切りのルールを決める

損切り注文をずらすと損失が拡大する

まず、資金管理の最も基本的なルールは「損切りを必ず行う」です。「何をいまさら」と思う方もいるかもしれませんが、FXトレードで退場する人のほとんどがこのルールを徹底できていません。

よくあるのが、エントリー後すぐに逆指値注文を置いて反転に備えていたつもりなのに、いざレートが反転すると、含み損を確定させるのが嫌で逆指値注文をずらしてしまうというケースです。

特に、何もルールなしに「エントリーポイントの少し下」というような考え方で逆指値注文を出すポイントを決めていると、含み損が発生したタイミングで「1時間足ならもっと上でいいか」「4時間足なら……」「日足なら……」と、**ズルズルと「損切りしなくてよい幅」が拡大していき、最終的に取り返しのつかないことになってしまいます。**

「感情」を制御するために損切りのルールづくりを行う

そうした事態を避けるためにも、損切りのルールは必ず設定しておくべきです。たとえば「1取引で損をしてよいのは、資金の1％まで」というように最大損

エントリーしたら損切り位置も決まる

［米ドル円　4時間足　2020年8月～9月］

失量を決めておけば、相場の流れではなく、自分の資金の増減で損切りの判断ができます。

また、「20pips」「100pips」というように、「値幅」で損切り注文の幅を予め決めておく方法も効果的です。

いずれにしても、**「エントリーしたポイントに対して自動的に損切りの位置が決まる」という点が重要**で、自分が「損切りしたくない」という感情が出た場合を想定して、言い訳をつくらないようなルール設定をしておくことで、FXからの退場を防ぎ、パフォーマンスを向上させることができます。

まずは生き残ること

お祈りトレードを避けるためにも、自分なりの損切りのルールをつくり、必ず守る癖をつけましょう。儲けるよりも、まずは生き残る。これが大事です

pips　FXで用いられる、異なる通貨間の共通のレート単位のこと。1pips＝0.0001ドルであり、円が含まれる通貨ペアでは1pips＝1銭で扱われる

資金管理 03

負けの原因を分析して今後のトレードに活かす

ルールに基づいたエントリーは勝ちにつながる

FXトレードにおける最終的な目標は、よほど変わった人でなければ「資金を増やすこと」でしょう。トレードの回数を重ねていくと当然勝ち負けが発生しますし、「どれだけお金を増やせたか」「どんな勝ち方をしたか」という点に注目してしまうのは自然なことです。

しかし、**トレードの精度を上げ、利益を安定して出すためには、勝ち負けよりもその原因を分析して、今後のトレードに反映させていく必要があります。**

まず、設定したルールを守った上で負けたトレードだったのかどうかを考えましょう。

適当なポイントでエントリーしてレートが逆行したのであれば、まずエントリーのルールを設定する必要があります。また、ルールにしたがってエントリーしていても、損切りすべきタイミングでできていない場合はルール自体を改善しなければいけません。

逆に、ルールを設定した上で負けたトレードについては、損失は出たもののポジティブに考えることもできます。こうしたトレードは「上位足のトレンドを考慮していなかった」「損切り注文の位置が浅すぎた」というように、負けた原因がある程度明確になること

なぜ負けたのか原因分析をする

FXで負けてしまった……

まずは負けの状況を振り返る
・適当なポイントでエントリーした
・ルール設定した上で負けた

ルールを守った負けなら……

ルールを設定しておくことで、勝ち負けの原因が探りやすくなります

・上位足（より長い時間足）のトレンドを考慮していなかった
・損切り注文の位置が浅すぎた
・エントリーポイントが遅すぎた
など、ルールの改善点が明確になり、次に活かせる

が多いので、次回のトレードはそうならないように対策ができるからです。

これは勝ちトレードにもいえることで、ルール通りにエントリーして勝った場合は、原因が明確になるので、エントリーや利確のポイントを次回に向けて調整することができますが、たまたま利益が出たトレードではそうした分析ができません。

その意味で、**ルールに基づいたエントリーは、似た場面で勝ちにつながる手掛かりになります**し、分析して改善していくことで、より精度を上げることができるのです。

同じミスはしない

世界的に有名なトレーダーでも、負けるときは大きく負けます。どうして負けたのか、その分析をして、同じミスを繰り返さないことを心がけたいですね

04 資金に見合った最適lotを計算しよう

損失許容額が決まれば適したlotも自然に決まる

資金管理のもうひとつのポイントとして、「どのくらいのlotで取引するのか」という点は非常に重要です。

たとえば資金が100万円でレートが100円の場合、レバレッジを25倍までかけられるため、単純計算で最大25ロット（1lot＝1万通貨の場合、2500万円分）まで取引できます。

しかし、実際には1pipsでもレートが逆行すると証拠金維持率が100％を切り、追証が発生することになるため、こうしたlotで取引することは現実的ではありません。

つまり、「レバレッジ○○倍」で取引する金額を考えても、最適なlotを見つけることは難しいのです。

では、どうすればよいのかというと、**「自分が損してよい金額の最大値」を考えます。すると、最適なロットは自然に決まってきます。**

たとえば、「1トレードあたりの最大損失許容額は資金の1％まで」というルールを採用している場合、資金が100万円であれば最大損失許容額は1万円です。

ここで、米ドル円のレートを100円と仮定して、

ロットの決め方（米ドル円）

損切りルール

1トレードあたりの最大損失許容額は資金の1%まで

今の資金は100万円だから1トレードの最大損失許容額は1万円

トレードスタイル	損切り幅	米ドル円が100円のときのロット
スキャルピング・デイトレード	数十pips	10pipsで1万円になるlotは**10万通貨**
スイングトレード	数百pips	100pipsで1万円になるlotは**1万通貨**

最大損失許容額が決まればlotも決まる

lot別に1万円の損が出るレートの幅を考えてみましょう。1000通貨なら1000pips、1万通貨なら100pips、10万通貨なら10pipsとなります。

10pipsの幅で損切りとなると、エントリーポイントも厳密に選ぶ必要がありますし、トレードスタイルも、スキャルピングやデイトレードなど短期のトレードに限られてきます。つまり、**最大損失許容額を決めた上で、自分のトレードスタイルで妥当と思える損切り幅が決まれば、lotも自動的に決まってくるのです。**

FXは賭けではない

一か八かの賭けをしたいなら、FXは向いていません。何かの弾みで全財産を失うリスクがあるのがFXです。心臓バクバク取引は絶対にオススメしません

05 目標は金額ではなく利幅で考える

リスクリワードを使うと利確ポイントの設定がやりやすい

184ページで説明したことと関連して、資金量に応じて損切りの幅を決めた場合、その幅に対する比率（リスクリワード）で利確の幅を考えるという方法があります。

たとえば、損切り幅を1として同じ幅で利確ポイントを設定すると、リスクリワードは1：1となります。仮に勝率50％の手法でこの比率のトレードを10回行うと、損失5万円、利益5万円となるので損益はトントンですが、勝率が50％以上の手法であれば利益が残る計算です。

また、**リスクリワードが1：2の場合は、勝率40％以上で利益が出ます**。つまり、10回のトレードで、4回負けるような手法でもリスクリワードを調整すればトータルで利益を残すことが可能なのです。

逆にいえば、極端な話、損切りするのが嫌で損切り1000pips、利確10pipsのような注文の仕方をすると利確は頻繁に起きますが、よほどの動きがないと損切りされません。

そのため勝率は極端に上がりますが、含み損になった際の額が大きいため、トータルで損失になってしまうのです。

基本的なリスクワードによる損益の例

リスクリワードが1:2の場合

損切り100pips、利確200pipsのルールを設定

勝率40%で1000通貨単位のトレードを10回すると……
利益は**8万円**、損失は**6万円**となる

➡ 全体として**+2万円**

リスクリワードが1:2の場合、勝率が40%より下がるとマイナスになってしまうので、勝率40%を維持できないときはリスクリワードを設定しなおしましょう

利確の幅も損切り幅に応じて自動的に決まる

つまり、FXで重要なのは複数回トレードを繰り返したときに、どれだけ利益を残せる手法なのかを認識しておくということなのです。その意味で、**リスクリワードを使ったやり方は、統計的にトレードを行うことができますし、利確の幅も損切り幅に応じて自動的に決まるのでオススメです。**

基本的には「損切り1：利確2」の比率を基準にしておけばよいでしょう。

感情に流されない

1勝9敗でも生き残れ、9勝1敗でも破産するのが、FXです。リスク・リワードをきちんと把握して、感情に流されず淡々と取引したいですね

資金管理06

取引の記録を残してフィードバックする

取引記録を残すことで手法の振り返り・改善ができる

FXトレードを行う際には取引記録を残しておくことはとても重要です。まず第一に記録を取ることで、勝率などのデータが明確になるので、リスクリワード（186ページ参照）をどのように設定するのかを判断する際に役立ちます。

また、人間というのは想像以上に「忘れる」生き物なので、エントリーや利確したレートや、その時の相場環境、失敗（成功）した原因や反省点などは、時間が経つとすぐに忘れていってしまいます。

こうしたトレードごとの情報というのは、失敗の原因を探って改善したり、より手法をブラッシュアップする際には非常に役立つため、必ず残しておく必要があります。

具体的には

①トレードした日時
②通貨ペア
③エントリー・利確・損切りしたレート
④エントリーした理由
⑤利確・損切りした理由
⑥チャートの形状
⑦トレード中の心理

取引記録のつけ方

時間の経過とともに失敗（成功）した原因や反省点などを忘れてしまわないように、取引記録は簡易的にでも必ず残し、次回のトレードに活用しましょう！

項目	内容
トレード日時	2020年9月×日
通貨ペア	米ドル円
エントリー・利確・損切り	エントリー：104.814 損切り：104.314
エントリーした理由	RSIが30を下回ったから
利確・損切りした理由	損切りを50pipsで設定していたから
チャートの形状	下降トレンド
トレード中の心理	一度反転したように見えたが、下げ止まらず焦った
反省点・改善点	長期のトレンドを見てからエントリーする

⑧反省点・改善点

といった内容を、手書きや表計算ソフトでまとめておくとよいでしょう。特に、取引中の心理状態というのはトレードする本人以外に知りえない情報ですし、**自分が「○○の状況になったら□□の心理になりやすい」ということをあらかじめ知っておくことで、対策もしやすくなります。**

取引記録は続けていくことが重要です。特に短期トレードの場合は取引回数が多くなるので、負担になるようであれば、チャートのキャプチャだけでも残しておく、というような工夫をするとよいでしょう。

トレード中の心理

私が最も重視しているのが「トレード中の心理」です。感情の乱高下は、負け取引に繋がりやすいため、そういうときは「休むも相場」を実践してください

休むも相場｜四六時中投資をしていては客観的に全体の相場観を見失ってしまう場合も多く、大きな損失を出す場合もあるため、それを戒める言葉

おわりに

最後までお読みいただいて、ありがとうございます。

FXへのイメージは変わりましたか？　難しい言葉や聞きなれない言葉がたくさん出てきたことでしょう。しかし、実際にトレードしてみることでイメージが掴みやすくなります。

ひと通り知識を身に付けたら、まずはデモ口座でよいのでトレードしてみましょう。トレードの回数をこなし、いろいろな成功や失敗を重ねることで、自分の得意なパターンやトレードスタイルがわかってくるはずです。

私は主にファンダメンタルズでトレードすることが多いですが、テクニカルも使いますし、逆にテクニカルしか使わないという方もいます。みなさんにも自分のスタイルを見つけてください。

また、少しわかってきたところで気が大きくなり、身の丈に合わないトレードにはならないように気をつけましょう。

ＦＸはギャンブルではありません。無理な投資してしまうと、あっという間に資産がなくなります。それどころか、投資した金額以上の資産を失う危険があることを肝に銘じてください。

しっかり勉強してからトレードをする。トレードしたら振り返る。そうやってコツコツ知識と経験を身に付けていけば、利益が上げられるようになり、どんどんＦＸが楽しくなっていきます。

本書では基本的なところを解説しましたが、私のブログではさらに踏み込んだ話をしているのでぜひご覧ください。一緒にがんばりましょう！

松崎美子

■監修・解説　松崎美子
■編集　花塚水結・佐藤太一（株式会社ループスプロダクション）
■執筆　中野佑也
■表紙デザイン　ili_design
■本文デザイン・DTP　竹崎真弓（株式会社ループスプロダクション）
■イラスト　タカハラユウスケ

ディーラーだった松崎美子さんがやさしく教える おいしく稼ぐFX入門

2020年11月5日　発行

発行人　佐藤孔建
編集人　梅村俊広
発行・発売　スタンダーズ株式会社
〒160-0008 東京都新宿区四谷三栄町12-4 竹田ビル3F
TEL:03-6380-6132
印刷所　株式会社廣済堂
e-mail:info@standards.co.jp

●本書の内容についてのお問い合わせは、上記メールアドレスにて、書名、ページ数とどこの箇所かを明記の上、ご連絡ください。ご質問の内容によってはお答えできないものや返答に時間がかかってしまうものもあります。予めご了承ください。
●お電話での質問、本書の内容を超えるご質問などには一切お答えできませんので、予めご了承ください。
●落丁本、乱丁本など不良品については、小社営業部(TEL:03-6380-6132)までお願いします。

Printed in Japan

【必ずお読みください】

FX（外国為替証拠金取引）は、元本の補償がなく、資金以上の損失が発生するリスクを伴う取引です。

本書は情報の提供を目的としたものです。その手法や知識について、勧誘や売買を推奨するものではありません。

本書で解説している内容に関して万全を期しておりますが、その情報の正確性及び完全性を保証するものではありません。

製作、販売、および著者は、本書の情報による投資の結果に責任を負いません。

実際の投資にはご自身の判断と責任でご判断ください。